金融機関の相続手続

改訂版

弁護士法人琴平綜合法律事務所 [監修]

弁護士 北川展子 [編著]

一般社団法人 金融財政事情研究会

第2版発刊にあたって

　だれもが遭遇する相続。その相続をめぐる法制度が大きく変わります。

　相続に関する規定（相続法）は民法にあります。この相続法は、1980年以来、大きな改正はされてきませんでした。

　ところがその間に時代は大きく変わっています。高齢化、核家族化が進み、配偶者の死亡により高齢者が一人居宅に残されるケースや、いわゆる「家制度」に関する意識の変化から、事業と資産の承継をめぐって親族が争うケースも少なくありません。

　今回の相続法改正は、こうした時代背景にあわせてこれまでの相続法の不都合を修正しようとするものです。

　そのため、改正内容には、これまでの取扱いを大きく変える制度の創設や方式の緩和などが多数盛り込まれています。その意味で、実務的には、120年ぶりの大改正として世間の注目を浴びている同じ民法の債権法改正よりも大きな影響を与えるかもしれません。

　これから「大相続時代」を迎えるといわれるいま、金融機関では、事業や資産の承継に関する相談業務が重要な仕事の1つとなっています。そのため、金融機関の職員にとっては、窓口で相続手続を受け付けるという場面だけでなく、日々の業務でも、相続法に関する知識が必須となっ

第2版発刊にあたって　1

ています。

　大変ありがたいことに、2017年12月に刊行した初版は、金融機関の方だけでなく、金融機関において相続手続を行う一般の方にも手にとっていただけたようであり、社会における相続に関する関心の高さがうかがえます。

　そこで第2版は、相続手続を行うすべての方にご参照いただけるよう、第1章では、金融機関に関する内容に限定せず、相続の当事者の立場からの設問を設け、改正の内容全般について解説しています。他方、第2章では、金融機関の立場からの設問を設け、法改正を受けた金融機関の実務の変更点や注意点について解説しています。また、第3章は、法定相続情報証明制度について、初版刊行後に変更のあった部分やご質問の多かった事項を加えました。

　執筆にあたっては、いろいろな立場の方に手にとっていただくことを念頭に、なるべく平易な記述を心がけました。本書が、金融機関での相続手続にかかわる多くの皆様のお役に少しでも立てましたら、うれしく思います。

　最後に、初版に引き続き、第2版刊行までの道のりの随所で貴重なご示唆をいただきました株式会社きんざいの田島正一郎出版部長に、心からの感謝の意を表します。

　2019年3月

　　　　　　　弁護士法人琴平綜合法律事務所

　　　　　　　　　パートナー弁護士　北川　展子

【編著者略歴】

■ 北川　展子
（琴平綜合法律事務所パートナー）

1995年明治大学大学院法学研究科修士課程修了。2003年金融庁監督局課長補佐。2014年日本証券業協会法務参事（現任）。2015年高知銀行社外取締役（現任）。

【著者略歴】（50音順）

■ 朝山　道央
（弁護士法人琴平綜合法律事務所（以下「琴平綜合法律事務所」）パートナー）

2001年関西学院大学法学部法律学科卒業。2002年検事任官（東京地方検察庁、神戸地方検察庁等）。2005年弁護士登録。

■ 児島　幸良
（琴平綜合法律事務所パートナー、京都大学法科大学院および早稲田大学大学院法務研究科にて客員教授、同志社大学大学院司法研究科ビジネス法務教育スーパーバイザー）

2002年Harvard Law School卒業。2003年金融庁総務企画局課長補佐。2010年日本証券業協会外務員等規律委員会委員。

■ 小松　正和
（琴平綜合法律事務所パートナー）

2001年京都大学法学部卒業。2014年小松綜合法律事務所（現・琴平綜合法律事務所）開設。

■ 宗宮　英惠

（のぞみ総合法律事務所）

2008年弁護士登録。2011〜15年消費者庁企画課・消費者制度課（消費者契約法改正担当、債権法改正担当）、2015年日本銀行政策委員会室法務課。2017年内閣官房特定複合観光施設区域整備推進室兼特定複合観光施設区域整備推進本部事務局。

■ 柴田　雄飛

（NX法律事務所弁護士）

2014年明治大学法学部法律学科卒業。2015年中央大学法科大学院中退（司法試験合格のため）。

■ 寶田　圭介

（琴平綜合法律事務所アソシエイト）

2011年九州大学法学部卒業。2013年東京大学法科大学院修了。

■ 沼井　英明

（琴平綜合法律事務所パートナー、租税訴訟学会理事）

2005年早稲田大学政治経済学部政治学科卒業。2009年中央大学法科大学院修了。

■ 早川　皓太郎

（琴平綜合法律事務所パートナー）

2005年東京大学法学部卒業。2007年東京大学法科大学院修了。2015年ニューヨーク大学ロ　スクール卒業。2016年米国ニューヨーク州弁護士登録。

■ 山田　大護
（琴平綜合法律事務所パートナー）

　1997年東京大学法学部卒業、モルガン・スタンレー証券会社東京支店入社。2001年ドイツ証券会社東京支店入社。2007年琉球大学法科大学院卒業。

目　次

第1章　改正相続法

第1節　改正法のあらまし ……………………………………… 2

1　改正の趣旨 ……………………………………………… 2

2　配偶者の居住権を保護するための方策 ……………… 7

3　遺産分割等に関する見直し …………………………… 14

4　遺言制度に関する見直し ……………………………… 23

5　遺留分制度に関する見直し …………………………… 30

6　相続の効力等に関する見直し ………………………… 35

7　相続人以外の者の貢献を考慮するための方策 ……… 37

8　施行時期および経過措置 ……………………………… 38

第2節　改正法に関する預貯金者の遺族の相談 ……… 47

Q1　私は後妻です。夫が死亡し、現在も、夫名義の
家に住んでいますが、先妻の子と不仲なので、住
居がなくなるのではないかと不安です。私は、こ
のままこの家に住み続けることができますか ………… 47

Q2　配偶者短期居住権を理由に居住建物に住めるの
はいつまでですか。また、配偶者短期居住権が認
められないことがありますか ……………………………… 51

Q3 配偶者短期居住権が認められるといっても、最低6カ月しか住むことができないのでは困ります。どうしたらいいですか ……………………… 54

Q4 配偶者短期居住権または配偶者居住権に基づき、住居を利用するうえで気をつけることはありますか ………………………………………………………… 57

Q5 配偶者居住権を成立させたとき、遺産分割協議においてそれはどう評価されるのですか。配偶者居住権が評価されると、その価額に相当する相続を受けたとして、他の遺産はもらえないのですか ….. 61

Q6 夫は、自分の死後、私が居所に困らないよう、居住建物の持分の2分の1を私に贈与していました。相続人には私のほか子2人がいますが、遺産の相続手続では、夫からの生前贈与はどのように扱われますか ………………………………………………………… 66

Q7 金融機関に相続を届け出たら被相続人の預貯金がおろせなくなりました。葬儀費用を支払うため、いくらかおろしたいのですが、遺産分割協議の成立には時間がかかりそうです。払戻しはできないのですか ………………………………………………… 70

Q8 相続人の1人である兄が仮払いによる預貯金の払戻しを受けましたが、遺産分割協議に際し、この払い戻された預貯金についてはどのように扱われますか ………………………………………………………… 72

Q9 遺産の一部だけを分割することはできますか。 またその協議がなかなかできない場合、どうした らよいですか ………………………………………………… 74

Q10 自筆で遺言を書こうと思うのですが、すべて自 書しなくてはいけませんか。注意点はありますか ……… 76

Q11 自筆証書遺言を作成したのですが、死後、見つ けてもらえるか心配です。かといって、いま、遺 言の存在を知らせると、相続人の1人に勝手に書 き換えられたり、破棄されたりしそうです。何か いい方法はありませんか ……………………………………… 78

Q12 複数の法定相続人がいるのですが、そのうちの 1人だけに遺産のすべてを相続させるとの遺言が ありました。遺産のうち、ある建物の所有権を遺 留分として私に渡すよう求めることはできますか …… 81

Q13 遺留分の額はどのように計算したらよいです か。法改正で計算の仕方は変わりましたか …………… 83

Q14 遺留分侵害額請求権を行使する場合、具体的 に、相続人に対して請求する金額はどのように計 算したらよいですか …………………………………………… 86

Q15 ある財産を私に「相続させる」との遺言により、 法定相続分を超える相続分を相続しましたが、そ の権利を保全するためには何が必要ですか。また、 遺産分割協議による場合はどうですか ………………… 91

Q16 私は長男です。このたび亡くなった母が認知症を患った後、私の妻が、献身的に介護をしてきましたが、その貢献を母の相続において考慮することはできませんか ……………………………… 94

Q17 父が亡くなりましたが、父の遺産について他の共同相続人が遺産分割協議に応じてくれません。どうしたらよいですか ……………………………… 96

第2章　金融機関の相続手続

第1節　金融機関での相続手続のあらまし …………………… 100

　1　相続手続の特徴 ……………………………………………… 100

　2　一般的な手続の流れ ………………………………………… 104

　3　死亡届の受付 ………………………………………………… 106

　4　取引口座の凍結 ……………………………………………… 109

　5　取引内容の確認 ……………………………………………… 109

　6　添付書類の提出依頼 ………………………………………… 110

　7　相続人の確定 ………………………………………………… 113

　8　遺言に基づく払戻し依頼 …………………………………… 117

　9　遺産分割協議書等による払戻し依頼 ……………………… 122

　10　遺言や遺産分割協議によらない払戻し依頼 …………… 126

　11　まとめ ……………………………………………………… 129

第2節　金融機関における相続預貯金の払戻し義務 ………… 130

目　次　9

Q 1 遺族から預貯金者死亡の連絡を受けたら、まず、どうしますか ·················· 130

Q 2 預貯金者の死亡を新聞・テレビなどの報道で知ったら、どうしますか ·················· 132

Q 3 被相続人の戸除籍謄本から相続人を確認する際には、どのような点に注意をしたらよいですか ······ 134

Q 4 預貯金の相続手続書面（相続手続依頼書）には、だれの署名等が必要ですか ·················· 141

Q 5 遺産分割前に相続人の1人から預貯金の支払を求められたらどうしたらよいですか ·················· 143

Q 6 窓口に来店した方から、預貯金の仮払い制度を利用して、すぐに被相続人名義の預貯金の払戻しを受けたいといわれた場合、どのようなことを確認したらよいですか ·················· 146

Q 7 遺言がない場合の預貯金の相続手続では、何を確認すればよいですか ·················· 148

Q 8 遺言がある場合の預貯金の相続手続では、何を確認すればよいですか ·················· 151

Q 9 遺言の存否が不明な場合、相続人に対してどのような助言をしたらよいですか ·················· 156

Q10 遺産分割協議、または、遺産分割調停・審判が行われた場合の預貯金の相続手続は、何を確認しますか ·················· 159

Q11 遺産分割協議中に、相続人が遺言をもって払戻しに来たら、どうしますか ･･････････････････････････ 160

Q12 相続人の1人から、遺留分に基づく預貯金の払戻し依頼があったら、どうしますか ････････････････････ 161

Q13 相続人に未成年者や成年被後見人がいる場合の預貯金の相続手続は、だれが行うことになりますか ･･･ 163

Q14 相続人の1人が相続を放棄している場合、だれが相続人となりますか ･･････････････････････････････ 165

Q15 預貯金者に相続人がいない場合は、預貯金はどうなりますか ･･･ 168

Q16 通帳と印鑑がない場合、預貯金の相続手続に応じられますか ･･･ 170

Q17 相続人の1人から貸金庫の開扉依頼があった場合にはどう対応しますか ････････････････････････････ 171

Q18 遺言執行者が預貯金の払戻しまたは解約に来たら、何を確認したらよいですか。法改正で変わりますか ･･ 173

Q19 遺言執行者があるにもかかわらず、相続人から預貯金の払戻しを求められました。どうしたらよいですか。また、遺言執行者がある場合に、遺言で当該預貯金を相続するとされた相続人の債権者が、被相続人の預貯金債権を差し押さえ、取立てを実行しようとしています。相続人の債権者の取立てに応じても大丈夫ですか ･･････････････････ 176

目　次　11

Q20　金融機関が、遺言執行者があることを知らず
に、相続人による遺言の執行を妨げる相続財産の
処分に応じてしまった場合、遺言執行者からどの
ような請求をされますか。金融機関は、遺言執行
者からの請求に対抗できますか ……………………… 179

第3節　相続にかかわる金融実務と改正法 ………………… 183

Q1　抵当権が付されていた相続財産を売却しようと
現地を見に行ったところ、配偶者短期居住権があ
るといわれました。競売をしたとき、配偶者短期
居住権はどうなりますか。また、配偶者居住権が
設定されていたときはどうですか …………………… 183

Q2　改正法施行後、裁判手続によらず、相続人が単
独で仮払いを受けられる金額について、仮払いを
求めた相続人に対する債権を差押債権として、相
続預貯金を差し押さえることはできますか …………… 185

Q3　相続人の債権者は共同相続人が相続した被相続
人の預貯金債権について、相殺をしたり、差し押
さえて回収することはできますか …………………… 187

Q4　遺産に預貯金がある場合、被相続人の債権者で
ある金融機関が預貯金債権を差し押さえ、回収を
図るためには、どうしたらよいですか ……………… 189

Q5 共同相続した不動産について、共同相続人がいつまでたっても登記をしません。被相続人の債権者であった金融機関が、法定相続分に従った登記を行い、共同相続人の持分に対して差押えをすることはできますか ……………………………… 191

Q6 改正後の民法では、遺言執行者の権限はどのように変わりましたか。金融機関が遺言執行者に指定されていた場合の注意点はありますか ………… 194

第3章　法定相続情報証明制度

第1節　法定相続情報証明制度のあらまし ……………… 198

　1　法定相続情報証明制度がスタートしたきっかけ …… 198

　2　相続手続を妨げている原因 ………………………… 201

　3　法定相続情報証明制度の内容 ……………………… 201

　4　まとめ ………………………………………………… 211

第2節　法定相続情報証明制度と金融実務 …………… 213

Q1 法定相続情報証明制度は、なぜ創設され、いつから始まっているのですか ……………………………… 213

Q2 法定相続情報証明制度を利用すると、相続人にはどのようなメリットがありますか ………………… 215

Q3 相続人が法定相続情報証明制度を利用すると、金融機関にはどのようなメリットがありますか …… 216

Q4 相続放棄や遺産分割協議等があった場合でも、
金融機関の相続手続を認証文付き法定相続情報一
覧図の写しだけで行うことができますか ················ 218

Q5 認証文付き法定相続情報一覧図の写しは、どの
ように入手すればよいですか ································ 220

Q6 法定相続情報一覧図の保管および交付の申出は
だれができますか。申出時に必要な法定相続情報
一覧図はだれが作成しますか ································ 223

Q7 認証文付き法定相続情報一覧図の写しは何通く
らいもらえばよいですか。再交付はしてもらえま
すか ·· 225

Q8 認証文付き法定相続情報一覧図の写しを取得し
たのち、そこに記載された相続人が死亡した場合
には、どうしたらよいですか ································ 226

Q9 金融機関の相続手続は、認証文付き法定相続情
報一覧図で行わなければなりませんか ················ 228

Q10 認証文付き法定相続情報一覧図の写しの申出人
と来店者とが別人の場合、手続書類として受領で
きますか。相続手続依頼書の氏名の記載と認証文
付き法定相続情報一覧図の写しに記載された相続
人の氏名の記載とが異なる場合はどうしますか ······ 230

Q11 認証文付き法定相続情報一覧図の写しの提出を
受けたら、金融機関は何を確認すればよいですか ··· 232

Q12 認証文付き法定相続情報一覧図の写しに記載が
ある相続人の1人が行方不明の場合、預貯金の相
続手続はどう進めたらよいですか ……………………… 235

Q13 認証文付き法定相続情報一覧図の写しは、相続
税の申告書の添付書類として利用できますか ………… 236

第 **1** 章

改正相続法

第1節 改正法のあらまし

1 改正の趣旨

　民法のうち相続に関する規定（以下、「相続法」といいます）は、1980年に配偶者の法定相続分の引上げや寄与分制度の導入等の改正がされて以来大きな見直しはされていませんでした。

　その間にもわが国の平均寿命は2017年時点で、男性では81.09歳、女性では87.26歳まで伸びており、高齢化がさらに進展しています。そのため、相続開始時点での相続人、特に配偶者の年齢が70代、80代に達している場合が多くなり、配偶者の生活保障の必要性が相対的に高まっている半面、相続開始時点での子の年齢は40代、50代に達し、すでに親から独立して安定した生活を営んでいる場合が多くなっていることから、子の生活保障の必要性は相対的に低下しているとの指摘がされていました。

　また、高齢者の再婚が増加するなど家族形態にも変化がみられ、要介護高齢者や独居高齢者の増加などのさまざまな社会問題も生じているなど相続を取り巻く社会情勢にも変化がみられます。このような高齢化の進展等の社会情勢の変化に応じて、民法及び家事事件手続法の一部を改正す

る法律（平成30年法律第72号）（以下、「改正法」といいます）
により相続法の改正がなされました。

　以下、本書では、改正法による改正前の民法を「改正前
の民法」、改正後の民法を「改正後の民法」、改正前の家事
事件手続法を「改正前の家事事件手続法」、改正後の家事
事件手続法を「改正後の家事事件手続法」として説明を進
めます。

【相続法改正の主なポイント】

改正項目	見直しポイント
配偶者の居住権を保護するための方策	
配偶者短期居住権	配偶者は、相続開始時に被相続人の建物（居住建物）に無償で住んでいた場合には、以下の期間、居住建物を無償で使用する権利（配偶者短期居住権）を取得する。 ①　配偶者が居住建物の遺産分割に関与するときは、居住建物の帰属が確定する日までの間（ただし、最低6か月間は保障） ②　居住建物が第三者に遺贈された場合や、配偶者が相続放棄をした場合には居住建物の所有者から消滅請求を受けてから6か月
配偶者居住権	配偶者が相続開始時に居住していた被相続人所有の建物を対象として、終身または一定期間、配偶者に建物の使用を認めることを内容とする法定の権利（配偶者居住権）を創設する。 →遺産分割における選択肢の1つとして、被相続人の遺言等によって配偶者に配偶者居住権を取得させることができるようにする。

第1章　改正相続法　3

遺産分割等に関する見直し	
持戻し免除の意思表示の推定規定の創設	婚姻期間が20年以上である配偶者の一方が他方に対し、その居住の用に供する建物またはその敷地（居住用不動産）を遺贈または贈与した場合については、原則として、計算上遺産の先渡し（特別受益）を受けたものとして取り扱わなくてよい（持戻し免除の意思表示があったものと推定する）こととする。
仮払い制度の創設等	相続された預貯金債権について、生活費や葬儀費用の支払、相続債務の弁済などの資金需要に対応できるよう、遺産分割前にも払戻しが受けられる制度を創設する。 ①　預貯金債権の一定割合（金額による上限あり）については、家庭裁判所の判断を経なくても金融機関の窓口における支払を受けられるようにする。 ②　預貯金債権につき、家庭裁判所の仮分割の仮処分の要件を緩和する。
一部分割の明文化	①　共同相続人は、被相続人が遺言で禁止した場合を除き、いつでも、その協議で遺産の一部を分割することができるようにする。 ②　①の協議が調わないときや協議をすることができないときは、各共同相続人の判断で、遺産の一部のみを対象として、家庭裁判所に遺産分割調停または審判の申立てをすることができるようにする。
遺産分割前に遺産に属する財産を処分した場合の遺産の範囲に	相続開始後に共同相続人の一人が遺産に属する財産を処分した場合に、計算上生ずる不公平を是正する方策を設けるものとする。 ①　遺産分割前に遺産に属する財産が処分され

関する規律の創設	た場合であっても、共同相続人全員の同意により、当該処分された財産を遺産分割の対象に含めることができるようにする。 ② 共同相続人の一人または数人が遺産分割前に遺産に属する財産の処分をした場合には、当該処分をした共同相続人については、①の同意を得ることを要しないこととする。
遺言制度に関する見直し	
自筆証書遺言の方式緩和	自筆証書に、パソコン等で作成した目録を添付したり、銀行通帳のコピーや不動産の登記事項証明書等を目録として添付したりして遺言を作成することができるようにする。
自筆証書遺言の保管制度の創設	自筆証書遺言の作成後の紛失、相続人による隠匿または変造等による紛争をできるだけ生じさせないようにするため、法務局が自筆証書遺言を保管することができる制度を設けるものとする。
遺贈の担保責任等に関する規律の改訂	債権法の改正に伴い、遺贈義務者は、遺贈の目的である物や権利を、相続開始時の状態で引き渡し、または移転する義務を負うものとする。
遺言執行者の権限の明確化	遺言執行者が有する権利義務は、遺言の内容を実現するためであることを明示し、遺贈の履行は遺言執行者のみが行うことができることを明確にするなど、遺言執行者の原則的な権限の内容を明確化するものとする。
遺留分制度の見直し	
遺留分減殺請求権の効力および法的性質の見直し	① 遺留分減殺請求権から生ずる権利を金銭債権化する。 ② 金銭を直ちには準備できない受遺者または

第1章 改正相続法 5

	受贈者の利益を図るため、受遺者等の請求により、裁判所が、金銭債務の全部または一部の支払につき相当の期限を許与することができるようにする。
遺留分の算定方法の見直し	① 遺留分算定のための基礎財産に含める範囲を限定する。 ② 遺産分割の対象となる財産がある場合に遺留分侵害額の算定において控除すべき「遺留分権利者が相続によって得た財産の価額」については、「特別の受益」を考慮した具体的相続分に相当する額とする。
遺留分侵害額の算定における債務の取扱いに関する規律の改定	遺留分権利者が承継した相続債務について、受遺者または受贈者が免責的債務引受、弁済その他の債務を消滅させる行為をした場合には、受遺者または受贈者は、その消滅した債務額の限度で、意思表示により、遺留分侵害額に関する債務を消滅させることができることとする。
相続の効力等に関する見直し	
相続による権利の承継に関する規律	相続させる旨の遺言等により承継された財産については、登記なくして第三者に対抗することができるとされていた現行法の規律を見直し、法定相続分を超える部分の承継については、登記等の対抗要件を備えなければ第三者に対抗することができないこととする。
義務の承継に関する規律	被相続人に対し債権を有していた者（相続債権者）は、遺言により相続分の指定がされた場合であっても、各共同相続人に対し、原則として、その法定相続分に応じてその権利を行使することができることとする。

遺言執行者がある場合における相続人の行為の効果等の改定	① 相続人が行った遺言の執行を妨げる行為は無効とする。 ② ①の無効は善意の第三者に対抗することはできないこととする。 ③ ①の規律は、相続債権者や相続人の債権者が相続財産に対して権利行使することを妨げる趣旨でないことを明確にする。
相続人以外の者の貢献を考慮するための方策	
特別の寄与	相続人以外の親族が、被相続人の療養看護等を行った場合、一定の要件のもとで、相続人に対して金銭の支払を請求することができることとする。

（出典） 民法及び家事事件手続法の一部を改正する法律について（法務省ホームページ）http://www.moj.go.jp/MINJI/minji07_00222.html をもとに作成

2 配偶者の居住権を保護するための方策

　高齢化の進展に伴い、相続開始の時点で被相続人の配偶者が相当高齢となっている場合がふえていますが、高齢の配偶者が相続開始後にあらためて新居を探すことは、実際にはかなりの負担が伴います。そこで、配偶者の居住権を保護するため、①遺産分割が終了するまでの間といった比較的短期間に限り、配偶者の居住権を保護する方策（配偶者短期居住権）と、②配偶者がある程度長期間その居住建物を使用することができるようにするための方策（配偶者居住権）が創設されました。

第1章　改正相続法　7

(1) 配偶者短期居住権の内容および成立要件

　配偶者短期居住権は、配偶者が相続開始時に被相続人所有の建物（居住建物）に無償で居住していた場合に、比較的短期間に限り、居住建物を無償で使用できる権利を配偶者に与えるものです（改正後の民法1037条1項）。

　これについては次の2類型が設けられています。

　1つ目の類型は、配偶者を含む共同相続人間で居住建物について遺産分割を行うべき場合であり、この場合には、遺産分割により居住建物の帰属が確定した日（その時点で相続開始の時から6カ月が経過していないときは、6カ月が経過する日）までの間、無償での居住を認めることとするものです（同項1号）。

　2つ目の類型は、居住建物が第三者に遺贈された場合や配偶者が相続放棄をした場合等、1つ目の類型に当たらない場合についても、原則として、相続または遺贈等により居住建物の所有権を取得した者が配偶者短期居住権の消滅の申入れをした日から6カ月を経過する日までの間は、無償での居住を認めることとするものです（同項2号）。

　このような権利の創設により、たとえば、先妻の子らと後妻との間に遺産である居住建物に関する争いがある場合でも、少なくとも6カ月は、後妻の居住権が無償で保障されることになります。

　また、配偶者は、配偶者短期居住権を取得したからと

いって、配偶者の具体的相続分が減少するということはありません。

(2) 配偶者居住権の内容および成立要件

　配偶者居住権は、配偶者が終身または一定期間居住建物を使用することができる法定の権利を与えるものです（改正後の民法1028条1項、1030条）。配偶者がこの権利を取得できる場合としては、次の3つが設けられています。

　1つは、遺産分割により取得する場合であり（改正後の民法1028条1項1号）、1つは、被相続人の遺言により取得させる場合です（同項2号）。そして、もう1つは、家庭裁判所の審判により取得する場合です（改正後の民法1029条）。

　ただし、審判により取得することができるのは、共同相続人間に配偶者が配偶者居住権を取得することについて合意が成立しているか（同条1号）、または、配偶者が配偶者居住権の取得を希望し、かつ、居住建物の所有者の受ける不利益の程度を考慮してもなお配偶者の生活を維持するために特に必要があると認められるとき（同条2号）に限られます。

　このような権利を創設することの意義は、居住建物の価値を配偶者居住権と配偶者居住権の負担付きの所有権とに分けることを可能とすることで、配偶者が居所を確保するために取得する権利の評価額を居住建物の所有権の評価額

第1章　改正相続法　9

よりも低く抑えることができるようにすることにあります。これにより、配偶者は、相続開始時にすでに高齢となっている場合等には、遺産分割において、その居住建物の所有権を取得するよりも低い評価額を前提として配偶者居住権を取得することが可能となり、その分、老後の生活資金としてより多くの流動資産（預貯金債権等）を取得することが可能となります。

　また、たとえば、それぞれ子どもがある高齢者同士が再婚した場合に、自宅建物を所有する者は、遺言によって、その配偶者に配偶者居住権を取得させてその居住権を確保しつつ、自宅建物の所有権を自分の子どもに取得させることもできます（配偶者居住権は配偶者の一身専属的な権利としており、相続の対象とならないため、このような遺言がされた場合には、遺言者の子どもは、遺言者の配偶者が死亡した時点で、配偶者居住権の負担がない完全な所有権を取得することになります）。

(3)　配偶者による居住建物の使用

　配偶者短期居住権や配偶者居住権を取得した配偶者は、従前の用法に従い、善良な管理者の注意をもって、居住建物の使用をしなければならず（改正後の民法1038条1項、1032条1項）、配偶者短期居住権においては居住建物取得者の承諾を、配偶者居住権においては居住建物の所有者の承諾を得なければ、第三者に居住建物を使用させることは

できません（改正後の民法1038条2項、1032条3項）。また、配偶者は、配偶者短期居住権や配偶者居住権を譲渡することはできません（改正後の民法1041条、1032条2項）。

　以上は、配偶者短期居住権および配偶者居住権に共通する点ですが、配偶者居住権では、さらに、居住建物の所有者が、配偶者に対し、配偶者居住権の設定の登記を備えさせる義務が認められます（改正後の民法1031条1項）。そして、配偶者居住権の登記を備えたときは、居住建物について物権を備えた者その他の第三者に対抗することができ（同条2項、605条）、第三者に対し、妨害停止請求や返還請求をすることができるようになります（改正後の民法1031条2項、605条の4）。

(4)　配偶者短期居住権・配偶者居住権の消滅

　配偶者が、用法についての善管注意義務に違反した場合や、居住建物取得者や居住建物の所有者の承諾なく第三者に居住建物を使用させた場合、居住建物取得者や居住建物の所有者は、配偶者に対する意思表示によって、配偶者短期居住権・配偶者居住権を消滅させることができます（改正後の民法1038条3項、1032条4項）。また、配偶者が死亡した場合、配偶者短期居住権・配偶者居住権は消滅します（改正後の民法1041条、1036条、597条3項）。配偶者短期居住権は、配偶者が配偶者居住権を取得することによっても消滅します（改正後の民法1039条）。

第1章　改正相続法　11

配偶者は、配偶者短期居住権が消滅したとき（配偶者居住権を取得したときを除く）、配偶者居住権が消滅したときは、居住建物を返還しなければなりません（改正後の民法1040条1項本文、1035条1項本文）。居住建物の返還については、配偶者短期居住権、配偶者居住権にいずれについても、使用貸借や賃貸借の規定が準用されます。たとえば、配偶者は、居住建物を返還するときは、相続開始後に居住建物に附属させた物を収去する義務を負います（改正後の民法1041条、1036条2項、599条1項本文）。また、配偶者は、居住建物の返還をするときは、相続開始後に居住建物に生じた損傷（通常の使用・収益によって生じた居住建物の損耗や経年変化を除きます）を原状に復する義務を負います（改正後の民法1040条2項、1035条2項、621条本文）。さらに、配偶者が、居住建物の用法についての善管注意義務に違反したり、居住建物取得者や居住建物の所有者の承諾なく第三者に居住建物を使用させたりしたことに基づく、居住建物取得者や居住建物の所有者による損害賠償請求や、配偶者が支出した費用の配偶者による償還請求は、居住建物が返還された時から1年以内に請求しなければなりません（改正後の民法1041条、1036条、600条1項）。

⑸　配偶者短期居住権と配偶者居住権の効力の違い

　配偶者短期居住権と配偶者居住権の効力に関する主な共通点および相違点は、以下のとおりです。

	配偶者短期居住権	配偶者居住権
存続期間	建物の帰属が確定した日、または、相続開始から6カ月経過する日のいずれか遅い日 （居住建物取得者から配偶者短期居住権の消滅の申入れがあった場合は、その申入れの日から6カ月を経過する日までの期間）	終身（別段の定めがない場合）
登記請求権	なし	あり
第三者対抗要件	なし	登記
妨害の停止の請求 返還の請求	なし	あり（登記を備えた場合）
善管注意義務	あり	
権利の譲渡	できない	
改築や増築、第三者の使用・収益	（第三者の居住建物の使用に関し）居住建物取得者の承諾が必要	居住建物の所有者の承諾が必要
修繕	できる	
費用の負担	通常の必要費 通常の必要費以外の費用については、民法583条2項、196条の規定に従い、償還を受けることが可能	

3 遺産分割等に関する見直し

遺産分割等に関しては、①持戻し免除の意思表示の推定規定の創設、②仮払い制度等の創設・要件明確化、③一部分割の明文化、④遺産の分割前に遺産に属する財産を処分した場合の遺産の範囲に関する規律の創設がなされました。

特に、②は金融機関の実務に影響のある改正です。

(1) 持戻し免除の意思表示の推定規定の創設

①の方策は、婚姻期間が20年以上である夫婦の一方が他の一方に対し、居住用不動産について遺贈または贈与をしたときは、いわゆる持戻し免除の意思表示があったものと推定することにより、遺産分割においても、このような遺贈等をした被相続人の意思を尊重した取扱いができるようにするものです（改正後の民法903条4項）。

まずは、持戻し免除の意思表示とは何かについて説明しましょう。

民法では、各相続人の具体的相続分を算定するにあたり、通常、相続人に対する遺贈や贈与の目的財産をその算定の基礎となる財産に組み入れたうえで、相続人が遺贈や贈与によって取得した財産については、いわば「遺産の先渡し」を受けたものとみて、遺贈や贈与を受けた相続人の相続分からその財産の価額を控除することとされています

14

（改正前の民法903条1項）。これを「持戻し」といいます。持戻し計算を行うことにより、ある相続人が被相続人から遺贈や贈与を受けた場合であっても、原則として、その相続人が受け取る財産の総額は変わらないことになります。

　この持戻しについては、改正前の民法のもとでも、被相続人が相続人に対して遺贈または贈与をした場合に、具体的相続分算定の基礎となる財産に組み入れることを要しない旨の意思表示をしたときは、これを尊重し、被相続人の意思に従った計算をすることが認められています。この意思表示を、「持戻し免除の意思表示」と呼んでいます。このような意思表示は、被相続人による遺贈や贈与が「遺産の先渡し」の趣旨ではなく、遺贈を受けた者（受遺者）や贈与を受けた者（受贈者）をより優遇する趣旨で行われた場合、具体的には、受遺者や受贈者の被相続人に対する貢献に報いる趣旨でされた場合や、受遺者や受贈者の今後の生活保障を手厚くする趣旨でされた場合等にされるものと考えられます。

　そして、婚姻期間が長期にわたる夫婦の一方が他方に対して居住用不動産について遺贈または贈与をした場合には、通常それまでの長年の貢献に報いるとともに、老後の生活保障を手厚くする趣旨で行われ、遺産分割における配偶者の具体的相続分を算定するにあたり、その価額を控除してその分遺産分割における取得額を減少させる意図は有

第1章　改正相続法　15

していない場合が多いものと考えられます。

　これらの点を考慮し、①の方策では、婚姻期間が20年を超える夫婦の一報が他方に対して居住用不動産について遺贈または贈与をした場合には、持戻し免除の意思表示があったものと法律上推定することとされました。

(2)　仮払い制度等の創設・要件明確化

　②の方策は、相続された預貯金債権について、生活費や葬儀費用の支払、相続債務の弁済などの資金需要に対応できるよう、遺産分割前にも払戻しが受けられる制度を創設するものです。具体的には、(ア)家事事件手続法の保全処分の要件を緩和する方策と、(イ)家庭裁判所の判断を経ないで、預貯金の払戻しを認める方策とが定められています。

　これらの方策はいずれも、平成28年12月19日最高裁大法廷決定（民集70巻8号2121頁）（以下、「大法廷決定」といいます）において、預貯金債権も遺産分割の対象財産に含まれることとされ、また、原則として、遺産分割が終了するまでの間は、共同相続人全員の同意がなければその払戻しを受けることができないとの判断が示されたことを受け、それによる不都合や不便を解消する目的で創設されたものです。

　これだけだと何のことをいっているのかスッキリしないと思いますので、順番に説明していきます。

① 大法廷決定の概要

相続が開始した場合、被相続人が有していた可分給付を目的とする債権（可分債権）の帰属がどうなるかという点について、昭和29年最高裁判決は、「相続人数人ある場合において、その相続財産中に金銭その他の可分債権あるときは、その債権は法律上当然に分割され各共同相続人がその相続分に応じて権利を承継するものと解するを相当とする」と判示しました。

また、共同相続人の1人である原告が、被相続人の死亡後に同人名義の貯金を解約してその払戻しを受けた他の共同相続人に対し、自らが相続分に応じて当該貯金を相続したことを主張して、不当利得返還を求めた事案において、平成16年最高裁判決は、「相続財産の中に可分債権があるときは、その債権は、相続開始と同時に当然に相続分に応じて分割されて各共同相続人の分割単独債権となり、共有関係に立つものではないと解される」と判示しました。

昭和29年最高裁判決も平成16年最高裁判決も、いずれも遺産分割に関する事例ではないのですが、可分債権は相続開始と同時に各共同相続人に当然分割されて帰属することとしていますので、遺産分割を待つまでもなく、各共同相続人が取得することとなり、遺産分割の対象とならないと考えることとなります。

ところが、大法廷決定は、「預貯金一般の性格等を踏ま

えつつ以上のような各種預貯金債権の内容および性質をみると、共同相続された普通預金債権、通常貯金債権および定期貯金債権は、いずれも、相続開始と同時に当然に相続分に応じて分割されることはなく、遺産分割の対象となる」とし、原則として遺産分割が終了するまでの間は、共同相続人全員の同意がなければその払戻しを受けることができないと判示しました。このことから、相続人がいくら葬儀費用や生活費を必要としている場合であっても、遺産分割をしない限り、相続人の預貯金の払戻しをすることができないという不都合や不便が生じえます。そこで、このような不都合や不便を解消するため、遺産分割協議成立前であっても預貯金を払い戻せるよう、(ア)家事事件手続法の保全処分の要件を緩和する方策と、(イ)家庭裁判所の判断を経ないで、預貯金の払戻しを認める方策が創設されたのです。

② 相続法改正における方策

(ア)の方策は、家庭裁判所が、遺産分割の対象となる預貯金債権について、相続債務の支払、あるいは相続人の生活費の支弁等のために払戻しをする必要がある場合には、他の共同相続人の利益を害しない限り、預貯金債権の全部または一部を仮に取得させることができることとするものです（改正後の家事事件手続法200条3項）。遺産の仮分割の仮処分等が認められるためには、「強制執行を保全し、又は

事件の関係人の急迫の危険を防止するため必要があるとき」（家事事件手続法200条2項）という厳格な要件を満たさなければなりませんが、㋐の方策は、この要件を緩和するものであり、預貯金債権の仮分割については、改正前の家事事件手続法に比べかなり認められやすくなりました。

㋑の方策は、遺産分割の対象となる預貯金債権の一部については、家庭裁判所の判断を経ないで、各共同相続人に単独での払戻しを認めるものです（改正後の民法909条の2前段）。そして、払い戻された預貯金については、払戻しをした相続人が遺産の一部の分割により取得したものとみなされます（同条後段）。これは、㋐において仮分割の仮処分の要件を緩和したとしても、家庭裁判所に保全処分の申立てをしない限り、遺産分割前の預貯金の払戻しが認められないとすれば、相続人にとって不都合が大きく、資金需要に迅速に対応することができないおそれがあること等を考慮したものです。他方で、預貯金債権は現金類似の性質を有しており、一般に、その取得を希望する相続人が多いと考えられますが、生前に相続人の1人が被相続人から多額の贈与を受けていた場合など、場合によっては、その相続人に単独での払戻しを認めると、その払戻し金額がその相続人の具体的相続分を超え、他の共同相続人の利益を害するおそれがあります。そこで、㋑の方策ではこれらの点のバランスをとり、各共同相続人に単独での払戻しを認

める金額について上限が設けられました。具体的には、遺産に属する各預貯金債権（口座ごとのもの）の3分の1に当該払戻しを行う共同相続人の法定相続分を乗じた額を上限とし、その範囲内であっても、同一の金融機関に対する金額が、150万円を超える場合には、150万円の限度でのみ払戻しが認められます（平成30年法務省令第29号）。この金額を超える払戻しを希望する場合には、㋐の方策による必要があります。

⑶　一部分割の明文化

　③の方策は、㋐共同相続人は、被相続人が遺言で禁止した場合を除き、いつでも、その協議で遺産の一部を分割することができること（改正後の民法907条1項）、㋑その協議が調わないときや協議をすることができないときは、各共同相続人の判断で、遺産の一部のみを対象として、家庭裁判所に遺産分割調停または審判の申立てをすることができること（同条2項本文）を明文化したものです。

　この点について、改正前の実務では、一般に、一部分割が許容されるための要件として、(i)一部分割をする必要性および合理性があり、(ii)一部分割をしても、その後に予定される残部の遺産を対象とした遺産分割の手続において、各共同相続人間の公平等の観点から適正な分割が可能であることを要するなどといわれていました。

　③の方策では、(i)の点については、各共同相続人には遺

産分割調停または審判の申立権があり、他の共同相続人に
おいて一部分割が相当でないと判断する場合には、遺産全
部を対象とした申立てをすれば足りると考えられることか
ら、基本的に各共同相続人の判断に委ねることとし、(ii)の
点を明文化する観点から、「遺産の一部を分割することに
より、他の共同相続人の利益を害するおそれがある場合」
には、その分割を請求することができないこととしていま
す（改正後の民法907条2項ただし書）。

(4) 遺産の分割前に遺産に属する財産を処分した場合の遺産の範囲に関する規律の創設

　④の方策は、相続開始後遺産分割の手続が終了するまで
の間に、共同相続人の1人が遺産に属する財産を処分した
場合に、その処分がなかった場合よりも最終的な取得額が
ふえるといった不公平が生じないよう、これを是正する手
段を設けるものです。

　相続が開始されると、その時点で被相続人が有していた
財産は共同相続人の共有（遺産共有）となり、各共同相続
人は、相続開始後遺産分割が終了するまでの間も、自己の
共有持分を適法に処分することができることになります。
そして、共同相続人の1人による財産処分により、その財
産について遺産共有持分と第三者の共有持分（相続人によ
り処分された共有持分）が併存することとなった場合の処
理について、判例は、共同相続人から遺産を取得した第三

者との共有関係を解消するためにとるべき手段は共有物分割の手続であるが、同手続で遺産共有持分を有していた相続人に分与された財産は遺産分割の対象となるとの判断を示しています。

　しかし、この共有物分割手続によって遺産分割の対象となる財産が生じた場合に、その後の遺産分割において、各共同相続人の具体的相続分をどのように算定するのが相当かという点については学説上も定説のない状況にあります。もっとも、一般に、遺産分割の対象となる財産は、相続開始時に存在し、かつ、分割時にも存在する未分割の相続財産であると解されています。このような考え方を前提とすれば、遺産分割前に共同相続人によって財産の処分がされた場合には、その財産は遺産分割の対象とはならず、かつ、当該共同相続人がその処分によって取得した財産（代償財産）もこれに含まれないことになるものと考えられます。そうすると、共同相続人の１人によって遺産分割終了前に遺産に属する財産の処分がされた場合には、その財産については特別受益による調整等がされないこととなる結果、その共同相続人は、処分がなかった場合よりも多くの財産を取得する事態が生じうることになります。

　④の方策は、上記のような不公平が生じないように、その調整手段を設けるものです。すなわち、遺産分割前に遺産に属する財産が処分された場合であっても、共同相続人

22

全員の同意がある場合には、その処分された財産が遺産分割の時になお存在するものとみなし（改正後の民法906条の2第1項）、これを遺産分割の対象に含めることができるという改正前の実務における取扱いを明文化することとしました。また、改正後の民法は、共同相続人の1人または数人がその処分をした場合には、その者の同意を得ることを要しないこととし（改正後の民法906条の2第2項）、これにより、遺産分割の対象に含める旨の共同相続人間の合意を成立しやすくし、相続人間の公平を図ることができるようにしたものです。

4 遺言制度に関する見直し

遺言制度に関しては、①自筆証書遺言の方式緩和、②自筆証書遺言の保管制度の創設、③遺贈の担保責任等に関する規律の改定、④遺言執行者の権限の明確化等がなされました。

(1) 自筆証書遺言の方式緩和

自筆証書遺言とは、遺言者が自ら手書き（自書）をして作成した遺言のことをいいます。

改正前の民法では、自筆証書遺言を作成する際、全文を自書することが要求されており、遺産である不動産が多数あるような場合には、高齢者等にとってかなりの労力を伴うものでした。そのため、これが自筆証書遺言の利用を妨

第1章 改正相続法 23

【遺言書記載例】

遺　言　書

1　私は、長男甲野一郎に、別紙一の物件目録記載の不動産を
相続させる。

2　私は、次男甲野二郎に、別紙二の預貯金を相続させる。

3　私は、妻甲野花子に、上記1および2以外の預貯金、
（株式）、動産、その他一切の財産を相続させる。
有価証券　㊞

2018年12月12日

甲　野　太　郎　㊞

上記3中、二字削除四字追加

甲　野　太　郎　㊞

（注）　法制審議会「民法（相続関係）部会第25回会議（2017年12月19日）
参考資料」（法務省ホームページ）をもとに作成。

別紙一

物 件 目 録

第1　土地
　　1　所　在　　東京都千代田区〇〇1丁目
　　　　地　番　　2番3号
　　　　地　目　　宅地
　　　　地　積　　123㎡

　　2　所　在　　東京都西東京市〇〇4丁目
　　　　地　番　　5番6号
　　　　地　目　　畑
　　　　地　積　　234㎡

第2　建物
　　1　所　在　　東京都千代田区〇〇1丁目2番3号
　　　　種　類　　居宅
　　　　構　造　　コンクリート造瓦葺平家建
　　　　床面積　　70.89㎡

甲　野　太　郎　㊞

別紙二　　【※通帳のコピーを目録として利用する場合】

普通預金通帳

お名前　　甲野太郎　様

店番号		口座番号		税区分	

㈱　○○銀行

通帳発行日

お取引店　　　支店（　03　－　　　－　　　　）

甲　野　太　郎　㊞

げる要因となっているとの指摘がありました。

そこで、①の方策は、自筆証書遺言に遺産目録を添付する場合には、遺産目録については、自書以外の方法によって作成してもよいこととし、自筆証書遺言の方式を緩和させました（改正後の民法968条2項前段）。これにより遺産目録については、パソコン等により作成することや、預金通帳のコピー等を用いて作成することが可能となります。遺言者は、自書以外の方法により作成した遺産目録1枚ごとに署名捺印をする必要があります（同項後段）。25頁の記載例を参照してください。

(2) 自筆証書遺言の保管制度の創設

改正前の制度のもとでは、自筆証書遺言については、公正証書遺言とは異なり、これを保管する制度がなく、そのために作成後の紛失、相続人による隠匿または変造等のリスクがあるなどの問題点が指摘されていました。そこで、遺言の有効性等をめぐる紛争をできるだけ生じさせないようにするために、法務局が自筆証書遺言を保管することができる制度を創設しました（法務局における遺言書の保管等に関する法律（以下、「遺言書保管法」といいます））。

この制度に基づき、遺言者は、作成した自筆証書遺言の原本（封をしていないものに限ります）を、遺言者の住所、本籍地、遺言者が所有する不動産の所在地のいずれかを管轄する法務局に保管してもらうよう申請することができま

第1章 改正相続法　27

す（遺言書保管法4条1項〜3項）。この申請は、遺言者本人が申請先の法務局に出向いて行わなければなりません（同条6項）。こうして法務局に保管されることになった遺言書については、遺言者の死亡後に、相続人や受遺者等が、遺言書原本の閲覧（遺言書保管法9条3項）や遺言書の保管の有無の確認（遺言書保管法10条）等を行うことができます。また、自筆証書遺言については、相続開始後にすみやかに家庭裁判所に提出して遺言書の状態を確認してもらう検認手続を受けなければなりませんが（民法1004条1項）、法務局に保管されることになった遺言書については、この検認手続は不要となります（遺言書保管法11条）。

　遺言書保管法は、2020年7月10日から施行されます。

⑶　**遺贈の担保責任等に関する規律の改定**

　③は、改正債権法（民法の一部を改正する法律（平成29年法律第44号））が成立し、贈与の担保責任に関する規定が改正されたことを受けて、遺贈の担保責任についてもこれとほぼ同様の見直しを行うものです。これにより、遺贈義務者は、遺贈の目的である物や権利を、相続開始時の状態で引き渡し、または移転する義務を負うこととなります（改正後の民法998条本文）。

⑷　**遺言執行者の権限の明確化等**

　改正前の制度のもとでは、遺言執行者の権限等に関する規律が不明確でした。また、改正前の民法では「遺言執行

者は、相続人の代理人とみなす。」（改正前の民法1015条）
と規定されていたことから、遺言者の意思と相続人の利益
とが対立する場合に、遺言執行者と相続人との間でトラブ
ルが生じることがあるとの指摘や、訴訟において遺言執行
者と相続人のいずれに当事者適格があるかどうかが争われ
る場合があるとの指摘がされていました。

　このことをふまえ、④の方策は、遺言執行者の一般的な
権限を明確化するとともに、被相続人による財産処分とし
て実務上もしばしば用いられている特定遺贈やいわゆる相
続させる旨の遺言（遺産分割方法の指定。改正後の民法で
は、「特定財産承継遺言」と呼んでいます）がされた場合に
ついて、遺言執行者の原則的な権限の内容を明確化しまし
た。

　具体的には、遺言執行者が有する権利義務は、遺言の内
容を実現するためであることを明示し（改正後の民法1012
条1項）、遺贈の履行は遺言執行者のみが行うことができ
ることを明確にしました（同条2項）。そのほかにも、遺
言の執行の妨害行為の禁止に関する規律を創設し（改正後
の民法1013条2項）、遺言執行者は、特定財産承継遺言が
あった場合の遺言の執行として、遺贈を受けた相続人が対
抗要件を備えるために必要な行為（改正後の民法1014条2
項）や、預貯金の払戻しの請求、解約の申入れ（同条3項
本文）をすることができることを創設しています。さら

に、遺言執行者については、他の法定代理人と同様、自己の責任で第三者にその任務を行わせることができることとしています（改正後の民法1016条）。

5 遺留分制度に関する見直し

遺留分とは、一定の範囲の法定相続人に認められる最低限の遺産取得分のことをいいます。遺産の処分については、被相続人の自由に委ねられますが、完全な自由を認めてしまうと、法定相続人の相続への期待をあまりに裏切る結果となることから、一定の範囲の法定相続人について、最低限取得できる分を認めることとしたものです。法定相続人から遺産取得者に対して、遺留分の存在を主張できる権利を遺留分減殺請求権といいます。

このような遺留分制度に関しては、①遺留分減殺請求権の効力および法的性質の見直し、②遺留分の算定方法の見直し、③遺留分侵害額の算定における債務の取扱いに関する規律の改定がなされています。

(1) 遺留分減殺請求権の効力および法的性質の見直し

①は、遺留分権利者の権利行使によって遺贈または贈与が無効となり、その目的物に対する所有権などの物権的権利が当然に遺留分権利者に帰属するとされていた改正前の民法の規律を見直し、遺留分権利者が受遺者または受贈者に対して金銭債権を得ることとするものです（改正後の民

法1046条 1 項）。改正前の制度のもとでは、減殺請求の結果、遺留分権利者が遺贈または贈与の目的物の一部を取り戻すかたちになることが多く、その場合には、遺贈または贈与の目的物について受遺者または受贈者と遺留分権利者との共有状態が発生するという結果となっていました。このために円滑な事業承継が困難になり、あるいは、共有関係の解消をめぐって新たな紛争を生じさせることになるとの指摘がされていました。こうした問題を解決するために、改正後の民法は、遺留分減殺請求権の名称を「遺留分侵害額請求権」と改め、その行使の効果を、被相続人のなした遺贈や遺言による相続分の指定の効果そのものは失われず、遺留分権利者に対して侵害された遺留分に相当する金銭の請求権を認めるものとしました。

　他方で、遺留分権利者から金銭請求（遺留分侵害額の請求）がされた場合に、受遺者または受贈者が即時に金銭の用意をすることができない場合もありうるので、受遺者または受贈者は、裁判所に対して期限の許与を求めることができることとしています（改正後の民法1047条 3 項）。

(2)　**遺留分の算定方法の見直し**

　②は遺留分の算定方法を見直すものです。

　改正前の民法においては、遺留分侵害額は次の計算式で求められていました（平成 8 年11月26日最高裁判決参照）。

　　遺留分侵害額＝遺留分算定の基礎となる財産(ア)×遺留

分率×法定相続分率－特別受益・遺贈の額－遺留分権利者が相続によって得た財産(イ)＋遺留分権利者が負担すべき相続債務

このうち、改正後の民法では、(ア)遺留分算定の基礎となる財産の価額に関する規律と、(イ)遺留分権利者が相続によって得た財産がある場合に関する規律の2つについて新たな条文が設けられました。

(ア)は、相続人に対する生前贈与について、遺留分算定のための基礎財産に含める範囲を改正前の判例よりも狭く限定すること等を内容とするものです。

すなわち、民法1044条1項は改正以前から、「贈与は相続開始の1年間にしたものに限り」遺留分算定の基礎財産に含めるものと規定していましたが、判例は、この条文にかかわらず、相続人に対して贈与がされた場合には、原則としてそのすべてが遺留分算定のための基礎財産の価額に参入されることとされていました。しかし、このような考え方によると、被相続人が相続開始時の何十年も前にした相続人に対する贈与の存在によって、第三者である受遺者または受贈者が負担する金銭債務の額が大きく変わることになりえますが、第三者である受遺者または受贈者は、相続人に対する古い贈与の存在を知りえないのが通常ですので、第三者である受遺者または受贈者に不測の損害を与え、その法的安定性を害するおそれがあります。そこで、

遺留分算定の基礎となる財産の範囲に関し、相続人に対する生前贈与についても時期的な限定を設け、相続人に対する生前贈与については、相続開始前の10年間にされたものに限り、遺留分算定の基礎となる財産に含めることとし、それよりも前にされた生前贈与はこれに含めないこととしました（改正後の民法1044条3項）。

このほか、負担付贈与や不相当な対価による有償行為がされた場合についても、遺留分算定のための基礎財産に含まれる範囲を明確化するため、目的物の対価から負担の価額や不相当な対価を控除した額が遺留分算定のための基礎財産に含まれることとしています（改正後の民法1045条）。

(イ)は、遺産分割の対象となる財産がある場合に遺留分侵害額の算定において控除すべき「遺留分権利者が相続によって得た財産の価額」については、改正前の実務上、法定相続分に相当する額を控除すべきであるとする考え方と、共同相続人間の実質的公平を図るため、「特別の受益」や「特別の寄与」が考慮された相続分（具体的相続分）に相当する額を控除すべきであるとする考え方が対立していました。

このような対立を立法的に解決すべく、改正後の民法は、すでに遺産分割がされているか否かにかかわらず、具体的相続分（ただし、寄与分による修正は考慮しません）に相当する額を「遺留分権利者が相続によって得た額」とし

て遺留分侵害額の計算において控除することとしました
（改正後の民法1046条）。

　遺留分侵害額の算定方法の例については、第1章第2節
Q14をご覧ください。

(3)　遺留分侵害額の算定における債務の取扱いに関する規律の改定

　③は、遺留分権利者が承継した相続債務について、受遺者または受贈者が免責的債務引受、弁済その他の債務を消滅させる行為をした場合には、受遺者または受贈者は、その消滅した債務額の限度で、意思表示により、遺留分侵害額に関する債務を消滅させることができることとするものです（改正後の民法1047条3項）。

　改正前の制度のもとでは、遺留分侵害額を算定する際に、遺留分権利者が承継した相続債務の額を加算することとされていましたが、受遺者または受贈者がその債務について第三者弁済をするなどして、遺留分権利者がその債務を免れた場合にまでこのような取扱いをする必要はありません。上記のように相殺的な処理を認めることにより、受遺者または受贈者が相続債務の弁済をしたうえで、その弁済した分を遺留分権利者に対して求償するという遠回りな手続を避けることができることになります。

6 相続の効力等に関する見直し

　相続の効力等に関しては、①相続による権利の承継に関する規律、②義務の承継に関する規律、③遺言執行者がある場合における相続人の行為の効果等の改定がなされました。

⑴　相続による権利の承継に関する規律

　①は、相続分の指定、遺産分割方法の指定がされた場合についても、登記等の対抗要件を備えなければ、第三者にその権利の取得を対抗することができないこととするものです（改正後の民法899条の2第1項）。対抗要件とは、権利の存在を争ってきた第三者に対して、その権利の存在を主張することができる（これを「対抗することができる」といいます）要件のことをいいます。

　改正前の判例では、相続分の指定や特定の財産について遺産分割方法の指定がされた場合には、その財産を取得した相続人は、登記等の対抗要件なくしてこれを第三者に対抗することができることとされていました。

　この点について、改正後の民法では、遺言の有無および内容を知りえない第三者の取引の安全を図る観点から、相続分の指定および遺留分割方法の指定のいずれにおいても、法定相続分に相当する割合を超える部分の取得については、登記、登録その他の対抗要件を備えなければ、第三

第1章　改正相続法　35

者に対抗することができないこととして、これまでの判例とは異なる規律を設けています。

(2) 義務の承継に関する規律

②は、義務の承継に関する規律を明確にするものです。すなわち、被相続人に対し債権を有していた者（相続債権者）は、遺言により相続分の指定がされた場合であっても、各共同相続人に対し、原則として、その法定相続分に応じてその権利を行使することができることとしたもので、基本的には、改正前の判例の考え方を明文化するものといえます（改正後の民法902条の2本文）。

もっとも、このような規律は、相続債権者の利益の保護を意図したものであり、相続債権者が指定相続分による義務の承継を承認しているような場合にまでこの規律を適用する必要はないため、相続債権者が自ら共同相続人の1人に対して指定相続分に応じた義務の承継を承認したときは、各共同相続人は指定相続分により義務を承継することとしています（同条ただし書）。

(3) 遺言執行者がある場合における相続人の行為の効果等

③は、遺言執行者がある場合には、(ア)相続人がした遺言の執行を妨げる行為は無効であるとする改正前の判例法理を明文化するとともに（改正後の民法1013条2項本文）、(イ)遺言の有無および内容を知りえない第三者の取引の安全を図る観点から、善意の第三者にこれを対抗することはでき

ないこと（同項ただし書）、さらに、(ウ)(ア)の規律は相続債権者や相続人の債権者が相続財産に対して権利行使することを妨げる趣旨ではないことを明確にするものです（同条3項）。

7 相続人以外の者の貢献を考慮するための方策

改正前の制度では、相続人以外の者（たとえば相続人の配偶者）が被相続人の療養看護等の貢献を行った場合であっても、遺言や契約が存在しない限り、被相続人の財産を取得することはできませんでした。そのため、被相続人の療養看護等に努めた者が不公平に感じることが多いとの指摘があること等をふまえ、相続人以外の親族（特別寄与者）が被相続人に対して無償で療養看護その他の労務の提供を行い、これにより被相続人の財産の維持または増加について特別の寄与があったと認められるときは、相続人に対して金銭（特別寄与料）の請求をすることができることとしたものです（改正後の民法1050条1項）。

ただし、この方策は、特別寄与者を遺産分割の当事者とするものではありません。

なお、このような制度を広げすぎると、相続をめぐる紛争がよりいっそう複雑化、長期化するおそれがあるため、特別寄与者の範囲は被相続人の親族に限定することとされています。ここでいう親族とは、六親等内の血族、配偶

者、三親等内の姻族を指します（民法725条）。たとえば、あなたの祖父母は二親等の血族、あなたの従兄弟は四親等の血族、あなたの配偶者の祖父母は二親等の姻族となります。

　特別寄与料の支払について、当事者間に協議が調わないときや、協議をすることができないときは、特別寄与者は、家庭裁判所に対して協議にかわる処分を請求することができます（改正後の民法1050条2項本文）。この家庭裁判所への請求は、特別寄与者が相続の開始および相続人を知った時から6カ月を経過したときか、相続開始の時から1年を経過したときは、行うことができなくなります（同条ただし書）。

8　施行時期および経過措置

(1)　施行時期

　改正後の民法は、原則として2019年7月1日から適用されます（改正法附則（以下、「附則」といいます）1条）。

　ただし、以下の例外①〜③の改正規定については、それぞれの施行日から適用されることになります。

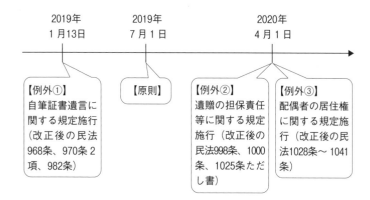

(2) 経過措置

2019年7月1日(以下、単に「施行日」といいます)より前に開始した相続については、原則として、改正前の民法が適用されます(附則2条)。

ただし、以下の規定については、特別の定めが設けられており、施行日より前に開始した相続であっても改正後の民法が適用されたり、同日より後に開始した相続であっても改正前の民法が適用されたりします。

【特別の定め①(附則3条)】

共同相続における権利の承継の対抗要件の規定(改正後の民法899条の2)

施行日前に開始した相続に関し、遺産分割による債権の承継がされた場合において、施行日以後にその承継の通知がされるときも改正後の民法が適用されます。

例) Yに対して貸金債権を有するXが2019年7月1日より前に死亡して、その子どもであるAとBが貸金債権を相続した場合であっても、同日以後に遺産分割がなされてAのみが貸金債権を承継するとき、Aは、Bの相続分につき債務者に対して貸金債権の譲渡通知をしなければ、貸金債権の承継を第三者に対抗することができないことになります。

【特別の定め②（附則4条)】
　夫婦間における居住用不動産の遺贈または贈与の規定（改正後の民法903条4項）
　2019年7月1日より前にされた夫婦間の居住用不動産の遺贈または贈与については、改正前の民法が適用されます。

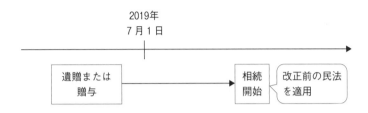

例) Xが2019年7月1日より前に、配偶者であるYに対して自宅の土地建物を贈与した場合、Xが死亡したのが同日以後であったとしても、その贈与はYの特別受益として具体的相続分が算定されることになります。

【特別の定め③(附則5条)】

遺産の分割前における預貯金債権の行使の規定(改正後の民法909条の2)

2019年7月1日より前に開始した相続に関し、同日以後に預貯金債権が行使されるときにも、改正後の民法が適用されます。

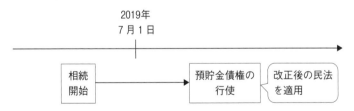

例) Xが2019年7月1日より前に死亡したとしても、同日以後であれば、Xの相続人の1人は、Xの預貯金債権に

第1章 改正相続法 41

つき仮払いを請求することができます。

【特別の定め④（附則6条）】

自筆証書遺言に関する改正規定（改正後の民法968条）

2019年1月13日より前にされた自筆証書遺言については、改正前の民法が適用されます。

例）2019年1月13日より前に自筆証書遺言を作成する際は、遺産目録を含め、全文を自書する必要があります。

【特別の定め⑤（附則7条）】

遺贈の担保責任等に関する改正規定（改正後の民法998条）

2020年4月1日より前にされた遺贈に係る遺贈義務者の引渡義務については、改正前の民法が適用されます。また、同日より前にされた第三者の権利の目的である財産の遺贈についても、改正前の民法が適用されます。

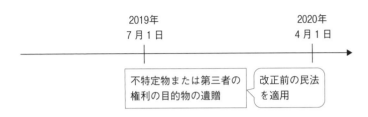

例）2020年4月1日より前にされた遺贈の目的物が不特定物の場合、これに瑕疵があるときは、遺贈義務者は瑕疵のないものを受遺者に引き渡す義務を負います（改正前の民法998条2項）。また、2020年4月1日より前にされた遺贈の目的物が、遺言者の死亡時において第三者の権利の目的であるときは、受遺者は遺贈義務者に対しその権利を消滅させるべき旨を請求することはできません（改正前の民法1000条）。

【特別の定め⑥（附則8条）】
　遺言執行者の権利義務等の規定（改正後の民法1007条2項、1012条、1014条2項〜4項、1016条）
　2019年7月1日より前に開始した相続に関し、同日以後に遺言執行者となる者には、改正後の民法が適用されます。また、同日より前にされた特定の財産に関する遺言に係る遺言執行者による執行については、改正前の民法が適用されます。さらに、同日より前にされた遺言に係る遺言執行者の復任権については、改正前の民法が適用されます。

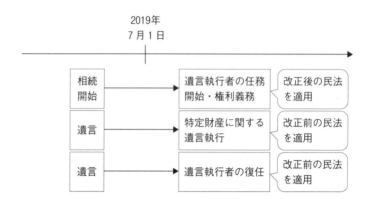

例）2019年7月1日より前にXが死亡して相続が開始した場合であっても、同日以後にYが遺言執行者となったときは、YはXの相続人に対し、遺言の内容を通知しなければなりません（改正後の民法1007条2項）。また、この場合、Yは、やむをえない事由がなければ、第三者にその任務を行わせることができません。

【特別の定め⑦（附則9条）】
　撤回された遺言の効力に関する改正規定（改正後の民法1025条ただし書）
　2020年4月1日より前に撤回された遺言の効力については、改正前の民法が適用されます。

例）2020年4月1日より前になされた遺言の撤回については、錯誤による場合であっても遺言の効力を回復させることができません。

【特別の定め⑧（附則10条）】

配偶者の居住の権利に関する規定（改正後の民法1028条～1041条）

2020年4月1日より前に開始した相続については、配偶者の居住の権利に関する規定は適用されません。また、配偶者居住権は、同日より前にされた遺贈については適用されません。

例）2020年4月1日より前に開始した相続については、配偶者居住権や配偶者短期居住権は発生せず、配偶者居住

権を遺贈の目的とすることはできません。

(柴田)

| 第2節 | 改正法に関する預貯金者の遺族の相談 |

Q1 私は後妻です。夫が死亡し、現在も、夫名義の家に住んでいますが、先妻の子と不仲なので、住居がなくなるのではないかと不安です。私は、このままこの家に住み続けることができますか

▼ 結 論

　改正後の民法により創設された配偶者短期居住権または配偶者居住権に基づき、一定の要件のもと、現在の住居に居住し続けることができます。

▼ 解 説

　改正後の民法では、相続開始時に、被相続人の財産に属した建物に居住していた配偶者の居住権を保護するべく、新たに、配偶者の居住を短期的に保護する制度（配偶者短期居住権）と配偶者の居住を長期的に保護する制度（配偶者居住権）が創設されました。

　2つの制度の概要は、以下のとおりです。

第1章　改正相続法　47

① 配偶者短期居住権

被相続人の配偶者は、被相続人の財産に属した建物に相続開始の時に無償で居住していた場合には、その居住建物の所有権を相続または遺贈により取得した者（居住建物取得者）に対し、一定の期間、居住建物を無償で使用する権利（配偶者短期居住権）を有します（改正後の民法1037条1項）。

まず、㋐居住建物について配偶者を含む共同相続人間で遺産分割をすべき場合、配偶者は、遺産分割により居住建物の帰属が確定した日、または、相続開始の時から6カ月を経過する日のいずれか遅い日までの間、無償でその建物を使用することができます（改正後の民法1037条1項1号）。

また、㋑配偶者以外の者が居住建物の遺贈や死因贈与を受けた場合、配偶者が相続放棄した場合など、上記㋐以外の場合に、居住建物取得者は、配偶者に対し、いつでも配偶者短期居住権の消滅の申入れをすることができますが（改正後の民法1037条3項）、配偶者は、その申入れの日から6カ月を経過する日までの間、居住建物を無償で使用することができます（改正後の民法1037条1項2号）。

② 配偶者居住権

被相続人の配偶者は、被相続人の財産に属した建物に相続開始の時に居住していた場合において、㋐遺産分割によって配偶者居住権を取得するものとされたとき（改正後

の民法1028条1項1号）や、(イ)配偶者居住権が遺贈の目的にされたとき（同項2号）、(ウ)配偶者居住権が死因贈与の目的にされたとき（民法554条）に、その居住建物の全部について無償で使用および収益する権利（配偶者居住権）を取得します。

　ただし、遺産分割の審判によって配偶者に配偶者居住権を取得させる場合、遺産分割の請求を受けた家庭裁判所は、共同相続人間に配偶者が配偶者居住権を取得することについて合意が成立しているとき（改正後の民法1029条1号）や配偶者が家庭裁判所に対して配偶者居住権の取得を希望する旨を申し出た場合において、居住建物の所有者の受ける不利益の程度を考慮してもなお配偶者の生活を維持するために特に必要があると認めるとき（同条2号）に限り、配偶者が配偶者居住権を取得する旨を定めることができます。

　配偶者居住権の存続期間は、遺産分割の協議、遺言、家庭裁判所の遺産分割の審判において別段の定めがない限り、配偶者の終身の間とされています（改正後の民法1030条）。

　したがって、遺言や死因贈与において配偶者居住権を定めておくほか、遺産分割によって配偶者居住権を取得することにより、別段の定めがない限り、現在の住居に終身居住し続けることが可能となります。

③　配偶者短期居住権と配偶者居住権の効力の違い

　配偶者短期居住権と配偶者居住権の効力に関する主な共通点および相違点は、第1章第1節2⑸をご覧ください。

（寶田）

配偶者短期居住権を理由に居住建物に住めるのはいつまでですか。また、配偶者短期居住権が認められないことがありますか

▼ 結 論

配偶者は、配偶者短期居住権に基づき、①遺産の分割により居住建物の帰属が確定した日、または、②相続開始の時から6カ月を経過する日のいずれか遅い日までの間、居住建物に住むことができます。

また、居住建物の所有権を相続または遺贈により取得した者（居住建物取得者）から配偶者短期居住権の消滅の申入れがなされた場合であっても、その申入れの日から6カ月を経過する日までの間は、居住建物に住むことができます。

ただし、相続開始の時において居住建物に係る配偶者居住権を取得したとき、配偶者が、相続人の欠格事由に該当するときや廃除により相続権を失ったときには、配偶者短期居住権は認められません。

▼ 解 説

① 居住建物について配偶者を含む共同相続人間で遺産分割をすべき場合

居住建物について配偶者を含む共同相続人間で遺産分割

をすべき場合、配偶者は、居住建物取得者に対し、遺産の分割により居住建物の帰属が確定した日、または、相続開始の時から6カ月を経過する日のいずれか遅い日までの期間、居住建物を無償で使用することができます（改正後の民法1037条1項1号）。つまり、最低でも相続開始の時から6カ月は居住することができ、遺産分割がされないままであれば、その間、居住し続けることができます。

② ①以外の場合

配偶者以外の者が居住建物の遺贈を受けた場合や配偶者が相続放棄した場合など、上記①以外の場合、居住建物取得者は、いつでも配偶者短期居住権の消滅の申入れをすることができます（改正後の民法1037条3項）。この場合、配偶者は、その申入れの日から6カ月を経過する日までの期間、居住建物を無償で使用することができます（改正後の民法1037条1項2号）。つまり、消滅の申入れがなされた場合でも、最低6カ月は居住することができ、消滅の申入れがされないままであれば、その間、居住し続けることができます。

③ 配偶者短期居住権を有しない場合

配偶者は、㋐相続開始の時において居住建物に係る配偶者居住権（改正後の民法1028条）を取得したとき、㋑相続人の欠格事由（民法891条）に該当し、または㋒廃除（民法892条、893条）によって相続権を失ったときには、配偶者

短期居住権を有しないことになります（改正後の民法1037
条1項ただし書）。 **(寶田)**

Q 3 配偶者短期居住権が認められるといっても、最低6カ月しか住むことができないのでは困ります。どうしたらいいですか

▼ 結 論

　遺産分割により配偶者が居住建物の所有権を相続する旨を定めるほか、遺産分割、遺贈や死因贈与により配偶者居住権を取得することにより、終身または一定の期間、無償で居住することが可能となります。

▼ 解 説

　① 遺産分割、遺贈や死因贈与による配偶者居住権の取得

　被相続人の配偶者は、被相続人の財産に属した建物に居住していた場合において、遺産分割によって配偶者居住権を取得するものとされたとき、または、配偶者居住権が遺贈（改正後の民法1028条1項）や死因贈与（民法554条）の目的とされたときは、その居住建物の全部について無償で使用および収益する権利（配偶者居住権）を取得することができます。したがって、遺言や死因贈与により配偶者に配偶者居住権を取得させる旨を定めておくほか、遺産分割により配偶者が配偶者居住権を取得することを定める方法により、配偶者は、配偶者居住権を取得することが可能と

なります。

ただし、被相続人が相続開始の時に居住建物を配偶者以外の者と共有していた場合は、配偶者居住権は成立しません（改正後の民法1028条1項ただし書）。

② 遺産分割の審判による配偶者居住権の取得

「遺産の分割」（改正後の民法1028条1項1号）には、遺産分割の審判も含まれることから、他の相続人が反対している場合であっても、審判によって配偶者居住権を取得することができます。もっとも、遺産分割の請求を受けた家庭裁判所は、共同相続人間に配偶者が配偶者居住権を取得することについて合意が成立しているとき、または、配偶者が家庭裁判所に対して配偶者居住権の取得を希望する旨を申し出た場合において、居住建物の所有者の受ける不利益の程度を考慮してもなお配偶者の生活を維持するために特に必要があると認めるときに限り、配偶者が配偶者居住権を取得する旨を定めることができます（改正後の民法1029条）。

したがって、遺贈や死因贈与がなく、かつ、遺産分割の協議や調停が調わない場合には、家庭裁判所に対して遺産分割の審判を申し立て、そのなかで配偶者居住権の取得を申し出ることになります。

③ 配偶者居住権の存続期間

配偶者居住権の存続期間は、原則として、配偶者の終身

第1章 改正相続法　55

の間とされています（改正後の民法1030条）。ただし、遺産分割の協議や被相続人の遺言に別段の定めがあるときや家庭裁判所が遺産分割の審判において別段の定めをしたときは、その定めるところによることになります（改正後の民法1030条ただし書）。　　　　　　　　　　　　　　　（寶田）

配偶者短期居住権または配偶者居住権に基づき、住居を利用するうえで気をつけることはありますか

▼ 結 論

　配偶者は、居住建物の従前の用法に従い、善良な管理者の注意をもって利用する必要があります。

　配偶者短期居住権も配偶者居住権も、第三者に譲渡することはできません。

　居住建物の所有者の承諾がなければ、居住建物の改築や増築をしたり、第三者に居住建物を利用させることはできません。

　居住建物が修繕を要するとき、または、居住建物について権利を主張する者があるときは、居住建物の所有者に対し、遅滞なくその旨を通知しなければなりません。

　また、配偶者は、居住建物やその敷地の固定資産税や修繕費等の通常の必要費を負担することになります。

▼ 解 説

　配偶者短期居住権または配偶者居住権に基づき居住建物を利用するうえで、以下の点に留意する必要があります。

① 用法遵守義務・善管注意義務（改正後の民法1032条
　1項、1038条）

　配偶者は、従前の用法に従い、善良な管理者の注意を
もって、居住建物の使用および収益（配偶者短期居住権に
ついては、居住建物の使用）をしなければなりません。

　ただし、配偶者居住権については、従前居住の用に供し
ていなかった部分を居住の用に供することは妨げられませ
ん。

② 譲渡の禁止（改正後の民法1032条2項、1041条）

　配偶者は、配偶者短期居住権または配偶者居住権を譲渡
することはできません。

③ 居住建物の改築・増築、第三者による使用・収益
　（改正後の民法1032条3項、1038条2項）

　配偶者居住権については、配偶者は、居住建物の所有者
の承諾を得なければ、居住建物の改築や増築をしたり、第
三者に居住建物の使用および収益をさせることはできませ
ん。

　一方、配偶者短期居住権については、配偶者は、居住建
物取得者の承諾を得なければ、第三者に居住建物の使用を
させることはできません。

④ 消滅（改正後の民法1032条4項、1038条3項）

　配偶者が上記①や③に違反した場合、配偶者居住権につ
いては、居住建物の所有者が相当の期間を定めてその是正

の催告をし、その期間内に是正がされないときは、居住建物の所有者は、当該配偶者に対する意思表示によって配偶者居住権を消滅させることができます。

他方、配偶者短期居住権については、居住建物取得者は、是正の催告を要せず、当該配偶者に対する意思表示によって配偶者居住権を消滅させることができるので、注意する必要があります。

⑤　居住建物の修繕等（改正後の民法1033条、1041条）

配偶者は、居住建物の使用および収益（配偶者短期居住権については、居住建物の使用）に必要な修繕をすることができ、配偶者が相当の期間内に必要な修繕をしないときは、居住建物の所有者は、その修繕をすることができます。

また、居住建物が修繕を要するとき、または、居住建物について権利を主張する者があるときは、配偶者は居住建物の所有者に対し、遅滞なくその旨を通知しなければなりません。

ただし、居住建物の所有者がすでにこれを知っているときは、この限りではありません。また、配偶者が自ら修繕をするときも上記の通知をする必要はありません。

⑥　居住建物の費用の負担（改正後の民法1034条、1041条）

配偶者は、配偶者短期居住権および配偶者居住権について、居住建物の通常の必要費（固定資産税、通常の修繕費

第1章　改正相続法　59

等）を負担するとされています。そのため、居住建物やその敷地の固定資産税等の通常の必要費については、配偶者が負担することになります。

　なお、配偶者が支出した有益費（建物の価値の増加のために支出した費用）など通常の必要費以外の費用については、他の相続人は、民法196条の規定に従い、その相続分に応じてその償還をしなければならないとされています。ただし、有益費については、裁判所は他の相続人の請求により、その償還について相当の期限を許与することができるとされています。

（寶田）

Q5 配偶者居住権を成立させたとき、遺産分割協議においてそれはどう評価されるのですか。配偶者居住権が評価されると、その価額に相当する相続を受けたとして、他の遺産はもらえないのですか

▼ 結 論

配偶者居住権については、居住建物の固定資産税評価額を基礎とした計算に基づく評価を行うことが考えられます。また、配偶者は、配偶者居住権の評価額を算入した後の具体的相続分額の範囲内で、他の遺産を取得することも可能です。

▼ 解 説

① 配偶者居住権の評価

配偶者居住権は、配偶者が遺産分割において取得すべき財産の額に算入され、配偶者は、配偶者居住権の評価額に相当する価額を相続したものと扱われます。

② 配偶者居住権の評価方法

配偶者居住権の簡易な評価方法として、以下の計算式が提案されています（「民法（相続関係）部会資料19 - 2」2頁参照）。もっとも、当事者間で以下の簡易な評価方法を用いることについて合意を得られない場合には、専門家の

鑑定評価によるべきとされています。

〈建物の評価方法〉

---

① 建物の価額（固定資産税評価額）
　＝②配偶者居住権付所有権の価額＋③配偶者居住権の価額
② 配偶者居住権付所有権の価額（注１）
　＝①固定資産税評価額
　　$\times \dfrac{\text{法定耐用年数}-(\text{経過年数}+\text{存続年数（注３）})}{\text{法定耐用年数（注２）}-\text{経過年数}}$
　　×ライプニッツ係数（注４）
③ 配偶者居住権の価額
　＝①固定資産税評価額－②配偶者居住権付所有権の価額
（注１） 計算結果がマイナスとなる場合には、０円とする。
（注２） 法定耐用年数は減価償却資産の耐用年数等に関する省令（昭和40年３月31日大蔵省令第15号）において構造・用途ごとに規定されており、木造の住宅用建物は22年、鉄筋コンクリート造の住宅用建物は47年と定められている。
（注３） 配偶者居住権の存続期間が終身である場合には、簡易生命表記載の平均余命の値を使用するものとする。
（注４） ライプニッツ係数は以下のとおりとなる（小数第四位以下四捨五入）。

	債権法改正案（３％）	現行法（５％）
５年	0.863	0.784
10年	0.744	0.614
15年	0.642	0.481
20年	0.554	0.377
25年	0.478	0.295
30年	0.412	0.231

〈敷地利用権の評価方法（配偶者居住権の対象が一戸建ての場合）〉

居住建物が一戸建てである場合には、配偶者は、配偶者居住権の存続期間中は居住建物の敷地を排他的に使用することとなるため、敷地利用権について借地権等と同様の評価をする必要があるものと考えられるとされており、以下の2つの方法が提案されています。

　一戸建てを対象として配偶者居住権を設定する場合における配偶者居住権の価額については、甲案および乙案のいずれにおいても、配偶者居住権に基づく敷地利用権の価額に上記〈建物の評価方法〉で算出した建物の価額を加えて算出することが想定されています。

甲案（ライプニッツ係数を利用）
① 配偶者居住権付敷地の価額
　＝敷地の固定資産税評価額〔÷0.7〕（補足）×ライプニッツ係数
② 配偶者居住権に基づく敷地利用権
　＝敷地の固定資産税評価額〔÷0.7〕－配偶者居住権付敷地の価額（＝敷地の固定資産税評価額〔÷0.7〕×（1－ライプニッツ係数））
（補足）敷地所有権の価額の算定方法としては、建物におけるのと同様、当該敷地の固定資産税評価額を用いることとされているが、固定資産税評価額は公示価格の70％とされていることに鑑み、これを割り戻すことも考えられる（乙案においても同じ）とされている。また、事案に応じて、固定資産税評価額以外のより適切な評価額（公示価格、相続税評価額など）を利用することも考えられるとされている。

第1章　改正相続法　63

乙案（敷地利用権割合を新たに策定）
① 配偶者居住権付敷地の価額
　＝敷地の固定資産税評価額〔÷0.7〕×（1－敷地利用権割
　　合（注））
② 配偶者居住権に基づく敷地利用権の価額
　＝敷地の固定資産税評価額〔÷0.7〕×敷地利用権割合
（注）　敷地利用権割合は、配偶者居住権の存続期間に応じ、以
　　　下のとおりとする。

存続期間　5年以下	20％	20年超25年以下	60％
5年超10年以下	30％	25年超30年以下	70％
10年超15年以下	40％	30年超35年以下	80％
15年超20年以下	50％	35年超40年以下	90％
		40年超	95％

③　相続税における評価額

　相続税上の評価額については、以下の評価方法が示され
ています（「平成31年度税制改正の大綱」40頁参照）。

　イ　配偶者居住権
　　　建物の時価－建物の時価× $\dfrac{（残存耐用年数－存続年数）}{残存耐用年数}$
　　×存続年数に応じた民法の法定利率による複利現価率
　ロ　居住建物の所有権
　　　建物の時価－配偶者居住権の価額
　ハ　配偶者居住権に基づく居住建物の敷地の利用に関する権利
　　　土地等の時価－土地等の時価×存続年数に応じた民法の法
　　　定利率による複利現価率
　ニ　居住建物の敷地の所有権等
　　　土地等の時価－敷地の利用に関する権利の価額

（注1）　上記の「建物の時価」及び「土地等の時価」は、それぞれ配偶者居住権が設定されていない場合の建物の時価又は土地等の時価とする。

（注2）　上記の「残存耐用年数」とは、居住建物の所得税法に基づいて定められている耐用年数（住宅用）に1.5を乗じて計算した年数から居住建物の築後経過年数を控除した年数をいう。

（注3）　上記の「存続年数」とは、次に掲げる場合の区分に応じそれぞれ次に定める年数をいう。

　㈤　配偶者居住権の存続期間が配偶者の終身の間である場合
　　　配偶者の平均余命年数

　㈥　㈤以外の場合
　　　遺産分割協議等により定められた配偶者居住権の存続期間の年数（配偶者の平均余命年数を上限とする。）

（注4）　残存耐用年数又は残存耐用年数から存続年数を控除した年数がゼロ以下となる場合には、上記イの「（残存耐用年数－存続年数）／残存耐用年数」は、ゼロとする。

（寶田）

Q6 夫は、自分の死後、私が居所に困らないよう、居住建物の持分の2分の1を私に贈与していました。相続人には私のほか子2人がいますが、遺産の相続手続では、夫からの生前贈与はどのように扱われますか

▼ 結 論

　婚姻期間が20年以上の夫婦であれば、被相続人である夫が、「持戻し」を免除しない旨の意思表示をしていない限り、生前贈与された持分については、相続分の算定にあたり、持戻し計算を行う必要がありません。

▼ 解 説

　①　特別受益者の相続分

　民法903条1項では、共同相続人中に遺贈または贈与を受けた者がいる場合、各相続人の相続分を算定するにあたっては、通常、相続人に対する贈与の目的財産を相続財産とみなしたうえで、各人の相続分を計算し、相続人が贈与または遺贈によって取得した財産は遺産の先渡し（特別受益）に当たるものとして、当該相続人の相続分の額からその財産の価額を控除することとされています（このような計算を「持戻し計算」といいます）。

　特定の相続人に対して贈与や遺贈が行われた場合でも、

持戻し計算を行うことにより、当該贈与等を受けた相続人の具体的相続分は、当該贈与等が行われなかった場合と変わらないこととすることにより、相続人間の公平を図っているのです。

改正前の民法でも、被相続人が、特別受益の持戻し免除の意思表示をすることにより、この持戻し計算を不要とすることができました（民法903条3項）。この特別受益の持戻し免除の意思表示がなされた場合には、共同相続人の1人が遺贈や贈与によって取得した財産を持戻しをすることなく相続分の算定が行われ、遺贈や贈与が行われなかった場合と比べ、より多くの財産を最終的に取得することができます。

② 持戻し免除の意思表示の推定

しかし、被相続人が明確に特別受益の持戻し免除の意思表示をするケースは多くはありません。そこで、改正後の民法は、配偶者保護の一環として、婚姻期間が20年以上の夫婦の一方である被相続人が、他の一方に対し、その居住の用に供する建物や敷地について遺贈または贈与をしたときは、当該被相続人は、その遺贈または贈与について民法903条1項の規定を適用しない旨の意思を表示したものと推定するものとしました（改正後の民法903条4項）。これにより、被相続人が居住建物・敷地の遺贈や贈与について持戻し免除の意思表示を行っていなかった場合でも、持戻

第1章 改正相続法 67

し免除の意思表示があったものと推定されることになります。

ただし、推定規定なので、被相続人が、持戻し免除をしない旨の意思表示をしていた場合には、推定が覆り、持戻し免除は認められないことになります。

③ 具体的な計算例

たとえば、夫・妻・子2人の4人家族であり、夫が妻に対し、居住用不動産持分2分の1（評価額：3000万円）を贈与したが、特に持戻し免除の意思表示はなく、その後、夫が死亡したというケースにおいて、現行法と改正後の民法における妻の取得額は、それぞれ次のようになります。

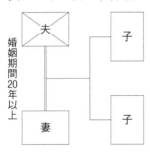

【相続財産】
夫の居住用不動産持分1/2　　3000万円
その他の不動産　　　　　　　3000万円
預貯金　　　　　　　　　　　3000万円
【夫の妻に対する贈与】
妻の居住用不動産持分1/2　　3000万円

〈現行法の場合〉

夫の死亡時点では、相続財産は9000万円であり、夫から妻に対し贈与された居住用不動産持分について、持戻し免除の意思表示は認められないことから、持戻し計算により妻の相続分は、

（9000万円＋3000万円）×1/2－3000万円＝3000万円

となり、妻の最終的な取得額は、

3000万円＋3000万円＝6000万円

となり、贈与がなかった場合（1億2000万円×1/2＝6000万
円）と最終的な取得額は変わらないことになります。

〈改正後の民法の場合〉

　夫の妻に対する居住用不動産持分の贈与について、持戻
し免除の意思表示をしたものと推定されることから、反対
の意思表示がない限り、妻の相続分は、

9000万円×1/2＝4500万円

となり、妻の最終的な取得額は、

4500万円＋3000万円＝7500万円

となり、贈与がなかった場合（6000万円）よりも多くの財
産を最終的に取得することができるようになります。

（寶田）

Q7
金融機関に相続を届け出たら被相続人の預貯金がおろせなくなりました。葬儀費用を支払うため、いくらかおろしたいのですが、遺産分割協議の成立には時間がかかりそうです。払戻しはできないのですか

▼ 結論

改正後の民法で創設された仮払い制度のもと、遺産分割前であっても、金融機関窓口において、一定額の払戻しを受けることができます。また、家庭裁判所に遺産分割の審判または調停の申立てをするのにあわせ、預貯金債権の全部または一部を仮に取得させるための仮処分を申し立てる方法もあります。

▼ 解説

改正後の民法では、相続された預貯金債権について、生活費や葬儀費用の支払、相続債務の弁済などの資金需要に対応できるよう、遺産分割前にも払戻しが受けられる制度（仮払い制度）が創設されました。

この払戻しの額には上限が定められていて、「相続開始時の預貯金債権の額（口座基準）×1/3×当該払戻しを行う共同相続人の法定相続分」（たとえば、預貯金債権600万円・法定相続人が2人の場合は、600万円×1/3×1/2＝100万

円)、かつ、1つの金融機関ごとに150万円（平成30年法務
省令第29号）の範囲で払戻しを受けることができます（第
2章第2節Q5参照）。

　葬儀費用など、被相続人の死亡後すぐに必要となる費用
については、前記の上限の範囲で、法定相続人であること
および自身の法定相続割合を示す書類など金融機関が求め
る資料（戸籍謄本や認証文付き法定相続情報一覧図など）を
用意して、金融窓口で払戻しを求めることができます。

　また、上記の一定の範囲の額以上の金額の払戻しが必要
な場合には、家庭裁判所に遺産分割の審判または調停の申
立てをするのにあわせ、遺産に属する特定の預貯金債権の
全部または一部の支払を求める仮処分を申し立てる方法が
あります。相続財産に属する債務の弁済のためや相続人の
生活費を支払うためなど「預貯金債権を行使する必要性」
が要件とされる点や裁判手続を経る必要がある点で簡便さ
は劣るものの、金額の上限は定められておらず、裁判所が
認める額での仮払いを受けることができます。　　　(宗宮)

第1章　改正相続法　71

Q8 相続人の1人である兄が仮払いによる預貯金の払戻しを受けましたが、遺産分割協議に際し、この払い戻された預貯金についてはどのように扱われますか

▼ 結 論

　仮払いによる払戻しは、払戻しを受けた相続人が遺産分割によって取得したものとされ、遺産分割の具体的な相続分から引かれることとなります。

▼ 解 説

　改正後の民法909条後段は、遺産分割前に預貯金債権の行使があった場合について、「当該共同相続人が遺産の一部の分割により取得したものとみなす。」としています。

　したがって、遺産分割前に仮払いによる払戻しを受けた預貯金債権については、遺産分割（一部分割）によって取得したものとして扱われ、遺産分割協議では、当該相続人の具体的な相続分から引かれることとなります。

　たとえば、本設例のように共同相続人の1人である兄が遺産分割前に100万円の払戻しを受けている場合、まず、遺産分割協議においては、100万円分の預貯金債権が存在しているものとされます（改正後の民法906条の2第1項）。そのうえで、兄の具体的な相続分が1000万円とすると、そ

のうち、100万円の預貯金債権はすでに受け取っているものとして扱われ、残りの900万円が兄に支払われることになります。 (宗宮)

Q9 遺産の一部だけを分割することはできますか。またその協議がなかなかできない場合、どうしたらよいですか

▼ 結 論

遺言で禁止された場合を除き、遺産分割協議により、遺産の一部だけを分割することは可能です。

また、その協議が調わない場合や、そもそも協議ができない場合には、遺産の全部または一部の分割を家庭裁判所に対して請求することができます。

▼ 解 説

相続法改正により、遺言で禁止された場合を除き、遺産分割協議により、遺産の一部を分割することができることが明文化されました（改正後の民法907条1項）。

また、一部を分割する協議が調わない場合や、そもそも協議ができない場合、改正前の民法においては、遺産の全部の分割を家庭裁判所に請求することしか規定されていませんでしたが、相続法改正により、遺産の一部の分割も家庭裁判所に対して請求することができることも明文化されました（同条2項本文）。

ただし、遺産の一部の分割を家庭裁判所に請求する場合、遺産の一部の分割により請求した共同相続人以外の共

同相続人の利益を害するおそれがあるときは、請求が却下されることになりますので注意が必要です（同項ただし書）。共同相続人の利益を害するおそれがあるときとは、たとえば、遺産の一部分割により、ある共同相続人に対して、特別受益なども考慮した具体的相続分を超える遺産を取得させるおそれがあり、具体的相続分を超える部分について代償金を支払うことが確実視できないような場合などが考えられます（法制審議会「民法（相続関係）部会第21回会議（2017年5月23日）部会資料21」15頁（法務省ホームページ）参照）。

(柴田)

第1章　改正相続法　75

Q10 自筆で遺言を書こうと思うのですが、すべて自書しなくてはいけませんか。注意点はありますか

▼ 結論

自筆で遺言を作成する場合、遺言の本文については、その全文、日付、氏名を自書し、印を押さなければ、遺言の効力を生じません。

ただし、本文と一体のものとして、相続財産の目録（財産目録）を添付する場合には、その目録に限って、すべて自書せずともよく、ワープロ書きによる作成が可能です。その場合、財産目録のすべてのページ（記載が両面にある場合には、その両面）に署名し、押印することが必要です。

▼ 解説

自筆証書遺言とは、遺言者自らが自書し、作成する遺言です。公正証書遺言と異なり、遺言者が単独で作成できるので、作成が簡単である半面、遺言者の真意に基づいて作成されたものか否かを、確認することが困難であるため、遺言者がその全文、日付、氏名を自書すること、押印することなど、遺言が有効となるための厳格な要件があります。

改正前の民法968条1項では、遺言に添付する財産目録

についても、自書することが求められていましたが、改正後の民法968条2項は、遺言本文と一体のものとして添付する財産目録については、自書することを要しないとしました。そのため、自筆証書遺言のすべてを自書する必要はなく、遺言に添付する財産目録の部分に限っては、ワープロ書きにより作成することができます。

　ただし、財産目録を自書しない場合には、目録のすべてのページ（両面に記載が及ぶ場合には、その両面）に、遺言者が署名押印をすることが求められており、これを怠ると遺言の目録部分は無効となりますので、各ページへの署名押印を忘れないようにしなければなりません。

　また、財産目録も含め、自筆証書遺言の記載の一部を加除修正する場合には、その場所を指示して、記載の一部変更した旨を付記し、署名し、変更の場所に印を押さなければ、その加除修正は無効になってしまうので、修正をする場合にはその方式に注意が必要です。自筆証書遺言の書き方や、加除修正の方法については、24頁の記載例を参照してください。

（加藤）

Q11 自筆証書遺言を作成したのですが、死後、見つけてもらえるか心配です。かといって、いま、遺言の存在を知らせると、相続人の1人に勝手に書き換えられたり、破棄されたりしそうです。何かいい方法はありませんか

▼ 結 論

　自筆証書遺言については、法務局における遺言書の保管制度を利用する方法があります。また、遺言を公正証書にて作成しておく方法や、遺言において遺言執行者を定めておく方法も考えられます。

▼ 解 説

　①　法務局での自筆証書遺言の保管制度を利用する方法

　今回の民法改正にあわせ、遺言書保管法が制定されたことにより、自筆証書遺言を、法務局で保管してもらえるようになりました（以下、「保管制度」といいます）。

　保管制度の利用を希望する場合には、遺言者本人が、自身の住所地もしくは本籍地または遺言者が所有する不動産の所在地を管轄する法務局に行き（遺言書保管法4条3項・6項）、遺言書保管官に、遺言書原本を提出する必要があります。法務局は、遺言書原本を保管するほか、災害等により遺言書原本が滅失する場合に備えて、遺言書を画

像データにして、遺言書保管ファイルという電子媒体にも記録します。この制度を利用すれば、自筆証書遺言であっても、書換えや破棄のおそれはありません。

　また、相続人の1人が、遺言の閲覧や遺言書情報証明書（遺言書保管ファイルに記録されている事項を証明した書面）の交付を請求した場合、遺言の存在を知らしめるために、遺言書保管官から、請求をした相続人以外の相続人に対しても、遺言書を保管している旨の通知がされます（遺言書保管法9条5項）。遺言の存在を知らなかった相続人にも、自筆証書遺言の存在を知る機会が与えられるのです。

　もっとも、自筆証書遺言の保管制度を利用するにしても、遺言者が亡くなったときに、遺言を保管する機関が自ら、相続人に遺言の存在を通知する制度はありません。自筆証書遺言の保管制度を利用していることを相続人に伝えておくことは必要です。

② 公正証書遺言を作成する方法

　公正証書遺言であれば、遺言の原本を公証人役場で保管してもらえるので、遺言の書換えや破棄のおそれはありません。また、遺言者の死後であれば、相続人が、公証人役場に出向き、公証人役場に公正証書遺言が保管されているか否か、検索するよう申し出ることができますので、相続人に遺言を見つけてもらえないというおそれもありません。そのため、自筆証書ではなく、公正証書により遺言を

作成する方法も考えられます。

　ただし、遺言の存在および保管場所は、公証人役場に遺言の検索を依頼した相続人にのみ教えられますので、相続人が遺言の存在等を知るためには、公証人役場に対して検索を依頼する必要があります。そのため、前記①の自筆証書遺言の保管制度を利用する場合と同様、生前から、公正証書遺言があることを相続人に伝えることは必要です。

　③　自筆証書遺言において遺言執行者を定め、遺言執行者に遺言を託しておく方法

　相続人に遺言の存在自体も隠したい場合には、自筆証書遺言のなかで遺言執行者を定め、遺言執行者にこれを託しておくという方法があります。

　改正後の民法は、遺言執行者に、任務を開始したとき、相続人に遺言の内容を通知することを義務づけました（改正後の民法1007条2項）。したがって、この方法によった場合には、遺言執行者から遺言の存在が知らされることになりますので、遺言の存在が知られないまま相続が行われることを防ぐことでき、また、遺言執行者が遺言の内容に従った相続手続を行うため、遺言者の意思に沿った相続が実現しやすくなります。　　　　　　　　　　　　（加藤）

Q12 複数の法定相続人がいるのですが、そのうちの１人だけに遺産のすべてを相続させるとの遺言がありました。遺産のうち、ある建物の所有権を遺留分として私に渡すよう求めることはできますか

▼ 結　論

　遺言によって、遺留分を侵害された場合でも、建物の所有権を渡すように求めることはできません。遺留分の侵害を受けた遺留分権利者は、受遺者または受贈者に対し、遺留分侵害額に相当する金銭の支払を請求することができるにとどまります。

▼ 解　説

　遺留分制度とは、一部の相続人（直系尊属または直系卑属）に、最低限の相続分（遺留分）を確保するための制度です。

　改正前の民法では、遺言により、相続する財産が遺留分に満たない相続人（遺留分権利者）には「遺留分減殺請求権」が認められており、その権利が行使されると、遺留分を侵害する内容の遺贈や遺言による相続分の指定は、遺留分を侵害する限度で、その効力を失い、遺贈や遺言による相続分の指定の目的財産についての権利の一部が、遺留分

権利者に帰属するという効果が生じることになっていました（遺留分減殺請求権の物権的効果）。

　一方で、改正後の民法では、遺留分に基づく権利を、「遺留分侵害額請求権」と呼び方を改め、遺留分権利者が権利を行使した場合の効果を、以下のとおりに変更しました。

　遺留分侵害額請求権を行使した場合、被相続人のなした遺贈や遺言による相続分の指定の効果そのものは失われず、被相続人が自由に処分できる範囲を超えた遺産を受け取った者は、遺留分侵害額請求権を行使した遺留分権利者に対して、侵害された遺留分に相当する金銭を支払う金銭債務を負うものとされました（改正後の民法1046条１項）。ここにいう金銭債務とは、貸金の返還債務や売買代金の支払債務と同じく、単純な金銭の支払義務にすぎません。

　遺留分権利者は、遺留分の権利を行使しても、遺産を受け取った者に対して、金銭の支払を請求できるにとどまり、遺産のうちの建物について、引渡しを求めることはできません。具体的な遺留分侵害額の計算方法は、第１章第２節**Q14**を参照してください。
（加藤）

遺留分の額はどのように計算したらよいですか。法改正で計算の仕方は変わりましたか

▼ 結 論

　個々の遺留分権利者の有する遺留分の額は、民法で定められた「遺留分を算定するための財産の価額」に、相続人の構成に応じて決められた遺留分率を乗じ、さらに、遺留分権利者の法定相続分を乗ずることによって、算定されます。法改正によって、「遺留分を算定するための財産の価額」の計算方法について、変更が加えられました。

▼ 解 説

　遺留分額の計算方法は、以下のとおりです（改正後の民法1042条）。

> 遺留分額＝遺留分を算定するための財産の価額×遺留分率（直系尊属のみが相続人である場合は3分の1、それ以外の場合は2分の1）×遺留分権利者の法定相続分

　「遺留分を算定するための財産の価額」の計算方法は、以下のとおりです（改正後の民法1043条1項）。

> 遺留分を算定するための財産の価額＝被相続人が相続
> 　開始の時において有した財産の価額＋贈与した財産
> 　の価額－債務の全額

　また、「遺留分を算定するための財産の価額」の計算に
あたって、加算される「贈与した財産の価額」につき、法
改正によって、以下のルールが定められました。

①　相続人以外の者に対する贈与は、原則として相続開始
　の１年前にしたものに限り、算入する。相続人に対する
　特別受益（相続人のなかで、遺贈または婚姻・養子縁組・
　生計の資本として生前贈与を受けた者がいる場合の、当該
　相続人が受けた利益のこと）に当たる贈与がある場合に
　は、その価額は、相続開始前10年間になされたものに限
　り、算入する（改正後の民法1044条１項・３項）。

②　負担付贈与（受贈者に一定の行為を負担させることを内
　容とした贈与）がなされた場合には、負担の価額を控除
　した額を算入する（改正後の民法1045条１項）。

③　不相当な対価をもってした有償行為は、当事者双方が
　遺留分権利者に損害を与えることを知ってしたものに限
　り、その対価を、負担の価額とする負担付贈与とみなし
　て、対価を控除した額を算入する（改正後の民法1045条
　２項）。

これらのルールは、これまで、法律に明確な規定がなく、法律の解釈や判例に沿って運用されてきた遺留分の計算方法を明文化したものです。具体的には、遺留分を算定するための財産の価額を算出する際に算入すべき「贈与した財産の価額」について、時期的な制限や、特殊な贈与があった場合の算入金額の限定が設けられています。

　第1章第2節Q14に具体的な事例をあげて説明していますので、そちらもご参照ください。　　　　　　　（加藤）

遺留分侵害額請求権を行使する場合、具体的に、相続人に対して請求する金額はどのように計算したらよいですか

▼ 結 論

遺留分侵害額請求権を行使する場合、相続人に対して請求できる金額は、以下の計算式で算出します。

> 遺留分侵害額 = 遺留分額 − 遺留分権利者が受けた遺贈または特別受益に当たる贈与の価額(A) − 相続分に応じて遺留分権利者が取得すべき遺産の価額(B)（法定相続分、遺言による相続分の指定、特別受益者がいる場合の相続分の修正は考慮するが、寄与分は考慮しない）＋ 遺留分権利者が承継する債務の額(C)

▼ 解 説

遺留分を侵害された遺留分権利者が、受遺者や受贈者に請求できるのは、侵害された遺留分に相当する金額の金銭です（第1章第2節Q12参照）。

遺留分侵害額として、受遺者や受贈者に請求できる金額の計算方法は、結論記載のとおりです（改正後の民法1046条2項）。

遺留分侵害額を算出するためには、個々の遺留分権利者の有する遺留分額を算出したうえで（第1章第2節**Q13**参照）、まずは、その遺留分額から、遺留分権利者が相続によって得た財産（下記(A)、(B)）を差し引きます。

(A)　遺留分権利者が受けた遺贈または特別受益に当たる贈与（相続人のなかで、遺贈または婚姻・養子縁組・生計の資本として生前贈与を受けた者がいる場合の、当該相続人が受けた利益のこと）の価額

(B)　相続分に応じて遺留分権利者が取得すべき遺産の価額

　遺留分権利者が有する権利は、遺留分権利者が被相続人から得た財産も考慮して、それでもなお、現実に遺留分額に満たない場合に成立する権利ですから、遺留分権利者が得た財産（上記(A)、(B)）は控除しなければなりません。

　ここで、(B)「相続分に応じて遺留分権利者が取得すべき遺産の価額」の計算方法については、改正前の民法では、先行して行われた遺産分割協議の結果を前提として計算するか、遺産分割協議が行われていない場合には、法定相続分とするか、遺産分割が行われたと仮定して特別受益や寄与分を考慮した具体的相続分とするかについて、解釈が分かれていました。

　今回の相続法改正で、(B)「相続分に応じて遺留分権利者が取得すべき遺産の価額」の計算方法については、民法900条（法定相続分）、同法901条（代襲相続人の相続分）、民

第1章　改正相続法　87

法902条（遺言による相続分の指定）、同法903条（特別受益者の相続分）、民法904条（贈与の価額は相続開始時を基準とする）の規定により算定するものとされ、先行して行われた遺産分割の結果にかかわらず、特別受益も考慮した具体的相続分を前提として価額を算出することが明文化されました。ただし、寄与分について定める民法904条の2は、ここでの相続分の算定に含まれませんので、注意が必要です。

　最後に、上記に(C)「遺留分権利者が承継する債務の額」を加算して、算出された金額が、遺留分権利者の請求できる金額になります。

　以上の遺留分侵害額の算定方法について、例をあげて考えてみましょう。

　会社の経営者であった被相続人が、その事業を手伝っていた長男に会社の土地建物（評価額1億円）を、長女に預金2000万円を相続させる旨の遺言をし、死亡しました。相続人は、この長男と長女の2人です。被相続人には、死亡時、合計2000万円の借入金債務がありましたが、この債務については遺言に何も書かれていませんでした。また、被相続人は、死亡する3年前に、長女に対して、住宅購入資金の一部として1000万円を贈与していました。

88

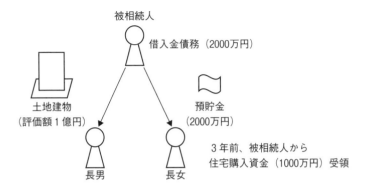

長女は、被相続人の遺言に不満があったので、長男に対して遺留分侵害額請求をすることにしました。そこで、長女の遺留分侵害額を考えてみます。

まず遺留分を算定するための財産の価額（第1章第2節Q13参照）を求めます。

被相続人は、会社の土地建物と預金、借入金債務を有しており、これらは遺留分算定の基礎となる財産に含まれます。また、被相続人が長女に贈与した住宅購入資金は、相続開始前の10年間になされた生前贈与に含まれるので、遺留分算定の基礎となる財産に含まれます。したがって、遺留分算定の基礎となる財産は、1億1000万円となります（土地建物（1億円）＋預金（2000万円）－借入金債務（2000万円）＋生前贈与（1000万円））。

次に、本設例では、相続人は長男と長女のみなので、長女の法定相続分率は2分の1となり、遺留分率は2分の1

となります（改正後の民法1042条1項2号）。

　そして、長女は、住宅購入資金の生前贈与を受けており、これは特別受益となります。また、長女は、預金の遺贈を受けています。

　さらに、本設例では、被相続人の借入金債務が遺言で触れられていないため、長女も法定相続分に従い借入金債務を相続することになります。そのため、長女が負担すべき相続債務は1000万円となります（2000万円×1/2）。

　以上から、長女の遺留分侵害額を算定すると、750万円となります（1億1000万円×1/2×1/2－1000万円－2000万円＋1000万円）。

（加藤・柴田）

Q15 ある財産を私に「相続させる」との遺言により、法定相続分を超える相続分を相続しましたが、その権利を保全するためには何が必要ですか。また、遺産分割協議による場合はどうですか

▼ 結 論

「相続させる」との遺言による場合であるか、遺産分割協議による場合であるかを問わず、法定相続分を超える部分について第三者に権利を主張するためには、登記、登録その他の対抗要件を備えることが必要です。

▼ 解 説

① 不動産や動産などの物権の承継

権利関係の変動を第三者に主張するための要件のことを「対抗要件」といいます。不動産については「登記」、動産については「引渡し」が対抗要件とされていますので、不動産については、登記を備えなければ第三者に権利を主張できませんし（民法177条）、動産については、引渡しを受けることではじめて、第三者に権利を主張できます（民法178条）。

改正後の民法899条の2第1項は、遺言によるか遺産分割協議によるかを問わず、相続によって、法定相続分を超

第1章　改正相続法　91

える権利を承継した場合に、その権利を第三者に主張する
ためには、上記の対抗要件を備えることを必要としまし
た。

　これは、遺言や遺産分割協議によって生じた権利変動の
内容を知らずに、権利関係に加わる第三者を守ることを目
的としています。

　②　債権の承継

　債権を譲渡した場合に対抗要件を備えるには、譲渡人が
確定日付のある証書によって債務者に通知をするか、また
は、債務者が確定日付のある証書によって承諾をすること
が必要（ただし、債務者に対して権利を主張するためには確
定日付は不要）です（改正後の民法467条）。

　相続の場合、譲渡人として債務者に通知をすべき立場に
あるのは、被相続人の地位を承継した共同相続人です。相
続財産が債権である場合には、相続人全員が、法定相続分
を超える債権の相続について、債務者に上記の通知をする
か、あるいは、債務者が承諾することが必要になります。

　ただし、改正後の民法では、法定相続分を超えて債権を
承継した相続人が、単独で、債務者に通知する場合であっ
ても、相続人が、法定相続分を超えて相続した債権に関す
る遺言の内容（遺産分割協議によって法定相続分を超える債
権を取得した場合には、その遺産分割協議の内容）を明らか
にして、債務者に通知をした場合に限り、共同相続人全員

が通知をしたものとみなして、対抗要件を備えたものと認めることとしました（改正後の民法899条の2第2項）。

　遺言による場合であっても、遺産分割協議による場合であっても、法改正後は、法定相続分を超える権利の承継については、対抗要件を備えないと、第三者に権利を主張できませんので、権利を保全するためには、早急に、必要な対抗要件の手続をするよう、注意しなければなりません。

（加藤）

Q16 私は長男です。このたび亡くなった母が認知症を患った後、私の妻が、献身的に介護をしてきましたが、その貢献を母の相続において考慮することはできませんか

▼ 結 論

本設例の妻は、相続人に対して、金銭請求できる可能性があります。

▼ 解 説

① 寄与分とは

寄与分とは、被相続人の財産の維持または増加に特別の寄与(通常期待される程度を超える貢献)をした者に、相続財産から、相当額の財産を取得させて、共同相続人間の公平を図る制度です。

② 特別寄与料の制度の創設

改正前の民法では、寄与分は、相続人のみに認められるものでした(民法904条の2)。そのため、相続人でないものが、いくら、被相続人の財産の維持や増加に貢献しても、遺贈を受けた場合や、相続人が存在しない場合(特別縁故者として相続財産を受け取る場合)を除いて、相続財産から財産を受け取ることはできませんでした。

改正後の民法は、相続人でない者の貢献に配慮するた

め、被相続人に対して無償で療養看護その他の労務の提供をし、それによって、被相続人の財産の維持または増加について特別の寄与をした被相続人の親族（特別寄与者）に、相続開始後、相続人に対して、自身の寄与に応じた額の金銭（特別寄与料）の支払を請求できるものとしました（改正後の民法1050条1項）。「親族」とは、六親等以内の血族、配偶者、三親等以内の姻族を指します（民法725条3号）。具体的には、子の配偶者や孫の配偶者、配偶者の父母や姉弟、甥姪の配偶者や甥姪の子も含みます。

　ここで、本設例の被相続人の長男の配偶者は、「相続人」には含まれませんが（民法887条、889条、890条）、被相続人の親族です（民法725条3号）。特別の寄与をしたことが認められれば、各相続人に対して、特別寄与料として金銭の支払を請求することができます。

　ただし、特別寄与料を請求するためには、請求の相手方となる相続人との協議が必要であり、協議が調わなければ、家庭裁判所に、協議にかわる処分を請求して、審判で特別寄与料の金額を決定してもらわなければなりません。この請求は、特別寄与者が相続開始および相続人を知った時から6カ月を経過し、または相続開始の時から1年を経過したときは、請求ができなくなりますので、注意が必要です（改正後の民法1050条2項）。　　　　　　　　（加藤）

第1章　改正相続法　95

Q17 父が亡くなりましたが、父の遺産について他の共同相続人が遺産分割協議に応じてくれません。どうしたらよいですか

▼ 結論

他の共同相続人が遺産分割協議に応じない場合には、遺産の全部または一部の分割を家庭裁判所に請求することができます。

▼ 解説

遺産分割について、共同相続人間に協議が調わないとき、または協議することができないときは、各共同相続人は、その全部または一部の分割を家庭裁判所に請求することができます（改正後の民法907条2項）。

今回の相続法改正により、遺産の一部について遺産分割協議や遺産分割請求できることが明確になりました。これは、争いのない遺産について一部分割を行うことが、遺産分割事件の早期解決にとって有益であり、改正前の実務でも一部分割が許されると考えられていたものの、法文上は、一部分割が許されるか否かが必ずしも明らかでなかったことから、明確にしようとしたものです。

ただし、遺産の一部分割を家庭裁判所に請求する場合、遺産の一部分割により請求した共同相続人以外の共同相続

人の利益を害するおそれがあるときは、請求が却下される
ことになりますので注意が必要です（同項ただし書）。

（柴田）

第 2 章

金融機関の相続手続

第1節　金融機関での相続手続のあらまし

1　相続手続の特徴

　あなたは、金融機関において窓口業務を担当しています。

　あるとき、数冊の預貯金通帳をもった男性が窓口に現れ、「先日、うちの父が亡くなりました。家を整理していたらこちらの預貯金通帳を見つけたのですが、預貯金を払い戻すにはどうしたらいいでしょうか」と尋ねられました。

　あなたは、まず、この方から何を聞き、何を依頼すべきでしょう。また、金融機関内部の手続としてどのようなことを行う必要があるでしょう。

　おそらく、その際に行う手続や、その後、預貯金の払戻しまでに金融機関が検討すべき事項については、あなたの所属する金融機関において、「相続事務取扱要領」や「相続手続マニュアル」といった規定によって詳細に定められているはずです。実は、その内容は金融機関ごとに少しずつ異なっています。

　なぜ、相続手続について詳細な規定が定められ、その履践が求められるのでしょう。また、なぜ、その内容が各金

融機関によって異なるのでしょう。

それは、相続手続の特徴と大きく関係しています。

① 専門性

相続には、民法で定められたルールがあります。そのため、相続手続は、民法の規定に則したかたちで行われなければなりません。

また、相続人がだれであるかを確認するための戸除籍謄本の見方には専門的な知識が必要ですし、遺言や遺産分割協議書の記載は一律ではなく、その内容を確認するにあたっては、文言の解釈など実質的な判断を要することがあります。

仮に、法の適用を誤り、本来支払うべき承継者以外の者に預貯金を払い戻した場合には、金融機関は二重払いの責を負うことになりますし、信頼を失墜することにもなりかねません。

そのため、相続手続に際して法的な誤りが生じないよう、金融機関において詳細な手続が定められています。

こうした専門性から、最近は、本部に相続手続集中センターを設け、必要書類や要件の確認、預貯金の払戻しに応ずるか否かの実質的な判断を集中的に行っている金融機関もふえています。

② 個別性

人が死亡すると相続が開始しますが、だれが相続人とな

第2章 金融機関の相続手続 101

るかは、被相続人が死亡した時点でどのような親族がいるのかによって異なります。

　また、その財産が当然に特定の相続人に帰属するわけではなく、可分の金銭債務のように相続の開始により法定相続分で個々の相続人に承継される遺産もあれば、不動産のように遺産分割の対象となるものもあります。遺言の有無やその内容によっても、相続財産の帰属は異なります。

　さらに、相続人が複数ある場合、その思惑は必ずしも1つではなく、相続人間に感情的な対立があるケースも見受けられます。

　このように、事案ごとに個別性が高く、関係者も複数であって、人の感情が絡むデリケートな手続であるのも相続の特徴です。

　③　相続人のニーズと金融機関のリスク負担とのバランス

　相続がいったん始まると、葬祭行事、税金や諸費用の支払、遺族の生活資金等、短期間のうちに多額のお金が必要となります。そのため、相続人のなかには、相続手続をすみやかに進め、少しでも早く預貯金を引き出したいというニーズが生じます。その際、相続人全員から承諾が得られれば問題はありませんが、必ずしもそれが容易でないケースもあります。にもかかわらず、金融機関が自己のリスクを回避するために硬直的・画一的な対応を行えば、かえって相続人とのトラブルを招き、金融機関の評価を下げるこ

とになりかねません。

したがって、金融機関としては自己のリスクを軽減しつつ、いかにして相続人のニーズに応えていくかを考える必要があります。相続手続は、たとえば為替取引のように、決められた手続を正確に処理すれば職務を全うできるものとは、大きくその性質を異にするのです。

あなたの金融機関で定められている「相続事務取扱要領」や「相続手続マニュアル」には、いわば、どのようにしてリスクをなくし、または軽減しながら、円滑に相続手続を進め、相続人のニーズに対応するのかについて、その金融機関の考え方やノウハウが凝縮されています。そのため、預貯金の払戻しに応ずるための手続や要件が、金融機関により異なってくるのです。

もちろん、本章の冒頭で述べたように相続そのものについては、民法に規定されているため、規定の背景には法的根拠があるものが多く存在します。このようなものについては、金融機関に共通する手続（ルール）があります。

本稿では、預貯金の相続手続について、金融機関において比較的よくとられている手続に沿って、その手続がなぜ行われるのか、また、その際に確認すべきこと、注意すべきことを説明していきます。本稿とあなたの所属する金融機関における規定が同じものについてはその理由を確認し、異なる場合には、なぜ異なっているのかを考えてみて

第2章　金融機関の相続手続　103

ください。

2 一般的な手続の流れ

　相続は、人の死亡により発生します。金融機関は、相続人や関係者からの届出のほか、新聞やテレビでの報道により、預貯金者の死亡を知ります。

　金融機関が預貯金者の死亡の事実を知ったときには、その事実を確認し、直ちに預貯金口座の入出金を停止する「凍結」の手続をとります。また、相続人に対しては、以後、預貯金口座の入出金ができなくなることを説明し、あわせて、当該被相続人との取引内容に則した相続手続に必要な書類を案内します。

　実際に預貯金を払い戻すにあたっては、相続人から提出された戸除籍謄本により相続人を確認したうえで、遺言もしくは遺産分割協議書等、預貯金がその承継人に帰属する根拠となる書面の内容に従い、それぞれ必要な書類を徴求して預貯金の払戻しを行います。また、遺言がなく、遺産分割協議が成立していなくても、一定の場合に便宜払いを認めたり、改正後の民法で創設された仮払い制度に基づき、預貯金の払戻しに応じたりする場合もあります。

　最後に、受領者から受取書（振込依頼書）を受領し、預貯金の払戻し（または、名義変更）を行って手続が終了します。

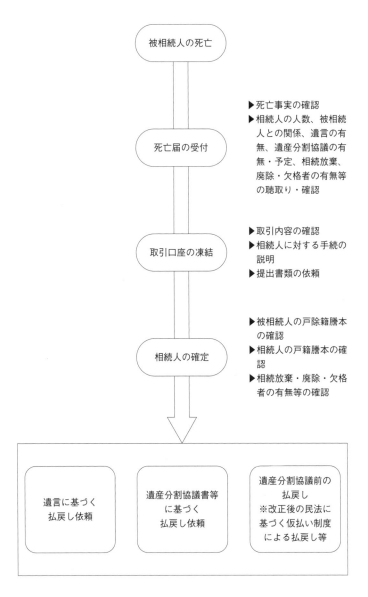

3 死亡届の受付

(1) 死亡事実の確認

　金融機関は、遺族からの申出のほか、さまざまな経路から預貯金者の死亡の事実を知ります。

　遺族等からの申出により、預貯金者の死亡の事実を知ったときには、まず、申出人と預貯金者との関係を確認し、死亡の事実を確認します。

　預貯金者の死亡の事実は、戸除籍謄本のほか、場合によっては、死亡診断書や火葬許可証、死亡届出書記載事項証明書などを用いて確認します。戸籍に死亡の記載がなされるまでには、役所に死亡届が提出されてから数週間程度かかることもあり、遺族が金融機関の窓口に来店する時までに、戸除籍謄本に死亡の事実が記載されていないことがあるためです。

　また、預貯金者の死亡は新聞やテレビのほか、渉外係が訪問して知ることもあります。相続人に確認するまでもなく、死亡の事実が確実であると考えられる場合には、口座の凍結手続をとったうえで、相続人に対し、相続手続を行うよう案内をすることもあります。

　死亡の事実の申出に際し、死亡届（書式例参照）の提出を求める金融機関も少なくありませんが、死亡届は、それ自体でなんらかの法的効果をもたらすものではなく、死亡

【死亡届書式例】

死 亡 届

届出日　　　年　月　　日

株式会社　　　銀行　御中

被相続人　住所

氏名＿＿＿＿＿＿＿＿＿＿

相 続 人　住所

〔続柄〕氏名＿＿＿＿＿＿＿＿＿＿

は、　　年　月　　日死亡いたしまし

たのでお届けします。

　なお、あらためて貴行所定の手続をいたしますので、それまでは下記預金等の払戻しを停止されるようご依頼申しあげます。

預金種類	口座番号証書番号	金　額	預 入 日	期　　日	名 義 人

1．銀行使用欄の記入について
　(1)　代作分については、「受理日時」欄に代作処理日時および代作事由を記入する。
　(2)　代作後の本届については、斜線記入する。
2．代作時に死亡日が不確実な場合は、本届受理時に記入し、登録する。
3．最終記入した次の行に「以下余白」と記入する。

受理日時	店長印	検印	受付印
時　分			

事由

（死亡の事実を何で知ったかを記入）

第2章　金融機関の相続手続　107

の届出を受け付けたという事実を記録する意味合いをもつものです。そのため、直ちに死亡届を作成してもらえない場合や遺族からの申出によらずに金融機関が預貯金者の死亡の事実を知った場合などには、死亡届の作成を不要とするか、金融機関がかわって作成（代作）し、手続を進めることとしているのが一般的です。

　死亡届を作成するか否かにかかわらず、被相続人の死亡の日時のほか、死亡の事実をいつ、だれが、どのような方法で知りえたかを記録し、口座凍結の端緒を事後に確認できるようにしておくことが肝要です。

⑵　その他確認事項

　また、申出人が相続人や遺言執行者である場合は、当初の段階で以下の事項をできるだけ確認します。ただし、死亡の届出の時点では、預貯金者が亡くなってから日が浅いことも少なくありません。相続人の感情に配慮した窓口対応を心がけましょう。

①　相続人の人数および被相続人との関係

②　遺言の有無（持参している場合は、写しをとる）

③　遺言執行者の有無

④　遺産分割協議の有無・予定

⑤　相続放棄、廃除、欠格者の有無

4　取引口座の凍結

　金融機関において、預貯金者の死亡の事実が確認された場合には、直ちに取引禁止コード等を設定し、預貯金口座の入出金停止（凍結）の措置をとります。

　預貯金、特に普通預金や通常貯金は、各種の入出金の口座として利用されていることが少なくなく、死亡後に入出金が行われた場合には、相続関係が複雑となることがあるため、死亡の事実が確認できた時点で直ちに凍結する必要があります。

　凍結された預貯金口座への振込金は、仕向銀行を通じて振込依頼人に「受取人死亡」の照会を行い、振込金を入金するか否かの回答を得たうえで処理を行います。

　キャッシュカードを発行している場合は、これも使用できないようにし、相続人からは、キャッシュカードや預貯金通帳を回収します。

5　取引内容の確認

　預貯金者の死亡の事実を受け付けたときには、当該預貯金者の取引内容、具体的には、預貯金のほか、融資取引や担保差入れ、保証の有無、貸金庫契約の有無や国債・投資信託の取引、口座振替の取引の有無について確認します。

　また、金融機関自身における相続手続ではありません

第2章　金融機関の相続手続　109

が、当該預貯金名義人に保険契約があることを確認した場合には、相続人に対して、保険金支払や保険契約承継手続のための保険会社の窓口を案内することも忘れないようにします。

関係他部署と情報を共有する内部手続も行います。

6 添付書類の提出依頼

取引内容が確認できたら、相続人には、当該取引および相続手続の内容に応じて、手続に必要な書類を案内します。相続人のようすをみながら、必要に応じて、当該書類の性質や取得方法もあわせて説明します。

また、提出を依頼する書類には、役所等第三者から取得する必要のある書類も少なくありません。相続人のなかには、平日役所を訪れる時間がない、ほかの相続人が遠方にいる等の事情により、必要書類の取得が困難であったり、時間を要したりすることもあります。金融機関からの指示・説明が不足し、または誤っていたために、必要書類を再度取得することになれば、相続人からのクレームに発展することになりかねませんので、過不足なく必要書類の種類、数量、取得先等を案内することが重要です。

それでは、相続手続を行うためには、どのような書類が必要でしょうか。

まず、被相続人の死亡および相続人がだれかを確認する

ために被相続人の戸除籍謄本および相続人の戸籍謄本の提出を求めます。被相続人の戸除籍謄本にかえて、認証文付き法定相続情報一覧図の写しの提出を受けることもできます。認証文付き法定相続情報一覧図の写しについては、第3章で詳しく説明していますのでご覧ください。

相続人の戸籍謄本または全部事項証明書については、被相続人の戸籍謄本から氏名・続柄がわかる場合には、印鑑登録証明書によって生死や現住所は確認可能だとして提出を求めない扱いや、預貯金を承継する相続人にだけ提出を依頼する扱いなど金融機関によって分かれるようです。ご自分の所属する金融機関の規定をご確認ください。

また、相続手続に際しては、相続手続依頼書（書式例参照）の提出とあわせ、①遺言書による場合、②遺産分割協議書による場合、③裁判所の手続による場合、④遺言にも遺産分割協議書にもよらない場合のそれぞれの場合ごとに、以下のような書類を添付して提出するよう依頼します。相続手続依頼書にだれの押印を求めるか、また、実際にどのような書類の添付を求めるかは、各金融機関により異なりますので、所属する金融機関の規定を確認してください。

なお、印鑑登録証明書は、手続から3カ月以内に発行されたものの提出を求めます。

第2章　金融機関の相続手続　111

【相続手続提出依頼書類】

1	共通（相続人確定のための書類）	
	▶被相続人の除籍謄本、戸籍謄本もしくは全部事項証明書（出生から死亡までの連続したもの）または認証文付き法定相続情報一覧図の写し ▶相続人の戸籍謄本または全部事項証明書 ▶（相続放棄をした相続人がいる場合）相続放棄申述受理証明書	
2	遺言書による場合	
	▶遺言書 ▶検認調書または検認済証明書（公正証書遺言以外の場合） ▶預貯金を相続される方（遺言執行者がいる場合は遺言執行者）の印鑑登録証明書 ▶遺言執行者の選任審判書謄本（裁判所で遺言執行者が選任されている場合）	
3	遺産分割協議書による場合	
	▶遺産分割協議書（相続人全員の署名捺印があるもの） ▶相続人全員の印鑑登録証明書 ▶（未成年者、成年被後見人がおり、法定代理人と利益相反関係にある場合は）特別代理人選任審判書謄本	
4	裁判所の手続（調停・審判）による場合	
	▶家庭裁判所の調停調書謄本または審判書謄本・審判確定証明書 ▶預貯金を相続される方の印鑑登録証明書	
5	遺産分割協議書がない場合	
	(1) 葬儀費用や少額払い	▶相続手続依頼書に署名する相続人の印鑑登録証明書
	(2) 遺産分割前の払戻し	▶相続人全員の印鑑登録証明書

※相続人の戸籍謄本をどこまで求めるのかは各金融機関により異なります。
※改正後の民法における仮払い制度による場合には、共通の書類のほか払戻しをする者の印鑑登録証明書を求めることが考えられます。
※改正後の民法における自筆証書遺言の保管制度により保管されている自筆証書遺言書については、検認の規定は適用されません。

7 相続人の確定

相続手続を行うためには、相続人を確定する必要があります。

預貯金者の相続が開始すると、相続人は、被相続人の財産に属するいっさいの権利義務を承継します。金融機関は、預貯金者の権利義務を承継した相続人に預貯金を払い戻さなければ、有効に払い戻したことになりません。預貯金通帳と印鑑を持参した人物であっても、相続人でなければ有効な払戻しとはならないのです。そのため、金融機関は二重払いのリスクを負わないよう、まず、相続人を確定する必要があります。

それでは、どのようにして相続人であることを確定するのでしょうか。

その前提として、まず、だれが相続人になるのか、相続人の範囲について説明します。

(1) 相続人の範囲

民法上、相続人となる者の範囲は定められており、被相続人の配偶者と子、父母や兄弟姉妹等の親族が相続人となりえます。また、相続人になることができる順位も定められています。

被相続人の配偶者は、常に相続人となり、どの順位の親族とも共同して相続人となります。

第2章　金融機関の相続手続　113

一方、子、父母、兄弟姉妹等の親族については、相続人となることができる順位が決められており、順位が上の親族がいる場合は、順位が下の親族は相続人となることができません。相続人の順位を表にまとめると、次のようになります。

配偶者 ・常に相続人となります。	第1順位 □子（養子を含む） □子が死亡している場合は、その子（被相続人の孫）等が代襲相続人となります。
	第2順位 □直系尊属（父母がいない場合は祖父母） □祖父母は、父母の双方または1人がいる場合は相続人とはなりません。
	第3順位 □兄弟姉妹 □兄弟姉妹が死亡している場合は、その子（被相続人の甥・姪）が代襲相続人となります。 ※第1順位の代襲相続人の場合とは異なり、第3順位の代襲相続人となることができるのは、被相続人の甥・姪までです（先に亡くなった兄弟姉妹の孫は代襲相続人となることができません）。

(2) 相続人の確定

前述の相続人となる者の範囲を念頭に置きつつ、以下の戸除籍謄本等により相続人がだれかを確定します。

① 被相続人の戸除籍謄本

被相続人の出生から死亡するまでの連続した戸籍を確認

することにより、被相続人と関係のある人物をたどり、相続人となる人物を特定することになります。

② 相続人の戸籍謄本等

被相続人の戸除籍謄本とあわせて相続人の戸籍謄本や印鑑登録証明書等を確認し、相続人の氏名、続柄、生死等を確認します。

以上の資料をもとに、相続人を確定する手順は次のとおりです。

まず、被相続人の配偶者は常に相続人となりますので、最初に、被相続人が亡くなった時の戸籍謄本から、その時点で被相続人に配偶者がいるか否かを確認します。

次に、被相続人の子がいるか否かを確認します。被相続人の子は第1順位の相続人であるため、子がいる場合は、被相続人の父母等の直系尊属や兄弟姉妹は相続人にはなりません。そのため、直系尊属や兄弟姉妹を確認する必要はありません。もし、被相続人の子が先に亡くなっている場合には、その子（被相続人の孫）がいるか否か代襲相続の有無を確認する必要があります。子が結婚すると別の戸籍が作成され、被相続人の戸籍からは除籍されますので、子の存否は被相続人の最後の戸籍だけでなく、過去の戸籍にさかのぼって確認します。

さらに、被相続人に子やその代襲相続人もいない場合に

第2章　金融機関の相続手続　115

は、被相続人の父母等の直系尊属がいるか否かを確認しましょう。この場合に、直系尊属がいれば、被相続人の兄弟姉妹は相続人にはなりません。そのため、兄弟姉妹を確認する必要はありません。

被相続人の子やその代襲相続人、父母等の直系尊属もいない場合には、被相続人の兄弟姉妹が相続人となります。兄弟姉妹が先に亡くなっている場合には、その子（被相続人の甥・姪）がいるか否かを確認する必要があります。兄弟姉妹の代襲相続が認められるのは、被相続人の甥・姪までになりますので、この場合には、被相続人の甥・姪まで調査することになります。

なお、預貯金者の死亡から相続手続までの間に長期間が経過している場合には、その間に相続人が死亡していることもあります。その際には、当該相続人を被相続人とする相続関係も同様の手続により確認することになります。

(3)　相続放棄

相続人は自己の意思により単独で相続を放棄することができます。相続の放棄があったときには、その相続人は初めから相続人ではなかったものとして扱い、代襲相続も発生しません。

相続の放棄は、家庭裁判所に申述して行うことになりますが、戸籍には記載されないため、預貯金の払戻しを依頼した相続人に対して、相続放棄をしている相続人の有無を

確認し、いる場合には家庭裁判所の「相続放棄申述受理証明書」の提出を求めます。

(4) 欠格・廃除の確認

実務上あまり多くはみられませんが、相続人ではなくなる事由として、欠格と廃除があります。

欠格とは、相続人が被相続人を殺害した場合など民法891条所定の事由があるときに、強制的に相続権を失わせる制度です。他方、廃除は、被相続人への虐待など民法892条に定める事由があるときに、家庭裁判所に「推定相続人廃除審判申立て」を被相続人が行い、または遺言により意思表示をすることにより、推定相続人のもっている相続権を失わせる制度です。

廃除については、死亡後のものを除き戸籍に記載がされるので、戸籍によりその有無を確認しますが、欠格は戸籍には記載されないため、ほかの相続人から申告を受けたうえで、欠格者本人が作成する相続欠格事由の存在を自認する書面や確定判決の謄本により確認します。

また、欠格・廃除いずれの場合も代襲相続ができるため、欠格者・廃除者の戸籍謄本により子の有無を確認します。

8 遺言に基づく払戻し依頼

被相続人の作成した遺言がある場合、まず、その方式を

第2章 金融機関の相続手続 117

確認します。遺言には以下の種類がありますが、このうち、一般的によく利用されているのは、自筆証書遺言と公正証書遺言の2つです。ここでは、この2つについてどのような事項を確認するのか、払戻しにあたってどのような書類を依頼するのかを説明します。

(1) 方式および法定要件の確認

① 自筆証書遺言

遺言者が遺言の全文を自署し、押印した遺言を自筆証書遺言といいます。自筆証書遺言が有効であるといえるためには、以下の要件が満たされていることが必要です。したがって、自筆証書遺言を提示されたときには、法定の要件が満たされているか、以下の点をまず確認します。

・全文（日付、氏名含む）が自書されているか（改正後の民法では、相続財産の目録については、自書を要しませんが、記載のあるページにすべて署名捺印があるかを確認する必要があります）。

・作成の日付、氏名が記載されているか。

・押印（実印でなくても可）がされているか。

・加除訂正は遺言者自身によりなされているか。変更の場所を指示して訂正した旨が付記されたうえで、付記部分に署名し、かつ変更箇所に押印がされているか。

また、自筆証書遺言については、家庭裁判所における検認手続が必要ですので、家庭裁判所の「検認済証明書」ま

たは「遺言書検認調書」の謄本の提出を受け、検認の事実を確認します。なお、改正後の民法では、自筆証書遺言の保管制度が創設され、この制度に基づき保管された遺言書については検認手続は不要となります。

② 公正証書遺言

遺言者が、証人2名の立ち合いのもと公証人の面前で遺言の内容を口授し、公正証書に表したものが公正証書遺言です。公正証書遺言の場合は、検認手続は不要です。

なお、遺言は遺言者が新たに遺言をすることにより、いつでも変更したり、撤回することが可能であるため、提示された遺言が、遺言者の最後の遺言であることも相続人に確認する必要があります。

(2) 遺言執行者の有無

次に、遺言執行者の指定の有無およびその権限の範囲を確認します。遺言執行者がある場合には、相続人は、相続財産の処分、その他遺言の執行を妨げるべき行為をすることができないこととされており、預貯金の払戻しが遺言執行者の権限となっている場合には、金融機関は相続人ではなく、遺言執行者に対して預貯金を払い戻さなくてはならないためです。

遺言執行者は、遺言によって指定される場合のほか、家庭裁判所の審判において選任されることもありますので、遺言執行者の有無については、遺言の内容を確認するだけ

第2章　金融機関の相続手続　119

でなく、相続人に対する事実確認も必要です。

遺言執行者に対して払戻しを行う場合には、相続手続依頼書に遺言執行者の署名捺印を受け、遺言執行者の印鑑登録証明書の添付を求めることになります。

(3) 内容の確認

さらに、権利の帰属の確認をします。

自筆証書遺言は、必ずしも法的知識を有しているとは限らない遺言者が作成するものですので、その文言から遺言者の意思が明確でない場合があります。このような場合、遺言の文言を解釈しなければなりません。遺言の記載内容が不明確で、預貯金の帰属を判断しがたい場合には、顧問弁護士等に対応を相談し、相続人全員の署名捺印を得て遺言による承継者に払い戻すこともあります。

なお、民法には、一定の相続人に、最低限留保されるべき遺産の一定割合（遺留分）が定められています。たとえば、相続人に妻と子２人がいる場合、「すべての財産を子Ａに相続させる。」といった遺言は、妻ともう１人の子の遺留分を侵害していることになります。

ただし、遺留分は全体財産に対する割合ですので、遺産のすべてを知りえない金融機関がそれに関与することはできませんし、遺留分減殺請求権が行使されたか否かを調査する法的義務もありません。また、改正後の民法では遺留分減殺請求権は、受遺者や受贈者に対する金銭債権（遺留

分侵害額請求権）とされました。そのため、改正後の相続については、金融機関が相続人から直接遺留分に基づく請求を受けることはなくなります（第2章第2節**Q12**参照）。

以上から、遺留分を侵害する内容の遺言であっても、その記載内容に従い、払戻し手続を行えば足ります。

(4) 提出書類

遺言に基づく払戻し手続を行う際に、相続手続依頼書にだれの署名を求めるか、また、その根拠をどう考えるかは、各金融機関により異なっています。また、遺言の方式や内容によっても取扱いを異にする金融機関もあります。

かつては、遺言がある場合でも、一律に相続手続依頼書に相続人全員の署名捺印を求める取扱いが多かったようですが、相続人全員の署名捺印を求めるとなると、遺言の内容に不満のある相続人から署名捺印が得られないなど、遺言による円滑な相続手続ができないことになります。

遺言の効力からすれば、基本的には、遺言の有効性などを確認したうえで、当該預貯金を承継する相続人、受遺者や遺言執行者から署名捺印を得て払戻しに応じることを検討します。

ただし、遺言の有効性につき判断がつかない場合や遺言の有効性について相続人間に争いがある場合にまで払戻しに応ずると二重払いのリスクを負うことになりかねません。そのため、遺言がある場合であっても、原則として相

続人全員の署名捺印を求める金融機関や、原則として預貯
金を承継する相続人の署名捺印で足りるとしつつ、一定の
場合に相続人全員の署名捺印を求める金融機関など、取扱
いを異にしています。あなたの所属する金融機関の規定を
ご確認ください。

9 遺産分割協議書等による払戻し依頼

　相続人が複数いる場合、相続人は、遺産分割をすること
により、各自、個別の財産を取得することになります。

　それでは、遺産分割はどのようにして行うのでしょう
か。

　まず、相続人全員で遺産の分け方について話し合いま
す。相続人全員が遺産の分け方について合意すれば、その
合意した内容に基づいて遺産を分割することができます。
相続人間で遺産分割の協議がまとまらない場合には、通
常、家庭裁判所における調停手続で遺産分割の話合いを行
い（遺産分割の調停）、それでも遺産分割の内容が決まらな
い場合は、裁判官が遺産の分け方を決めます（遺産分割の
審判）。

(1) 遺産分割協議書による払戻し依頼

　相続人全員の遺産分割の合意を書面にしたものが「遺産
分割協議書」です。民法上、遺産分割協議書に形式等は定
められていません。

その体裁や記載から相続人全員の意思が反映されたものであるといえるか、記載内容が法的に有効なものか等を確認する必要があります。

遺産分割協議書の確認のポイントは、次のとおりです。

① 相続人全員の署名および実印が押印されているか

遺産分割協議は、相続人全員が参加し、全員一致の合意であることが必要です。一部の相続人を除外し、または、多数決によることはできません。したがって、相続人全員の署名捺印がなされているかどうかを確認します。

なお、代理人による押印がなされている場合は、有効な代理権があるか否かを、委任状等（実印での押印）で確認します。

相続人に未成年者や成年被後見人がいる場合は、それぞれ親権者や成年後見人（法定代理人）の署名捺印を求めますが、未成年者、成年被後見人と法定代理人がともに相続人となる場合など、本人と法定代理人との間に利益相反関係があるときには、家庭裁判所で選任された特別代理人による署名捺印が必要です。特別代理人による署名捺印がなされている場合は、特別代理人選任審判書の謄本と特別代理人の印鑑登録証明書の提出を受けます。

また、相続人が遠方に多数人いる場合等には、1つの遺産分割協議書に相続人全員が署名捺印するのではなく、同一内容の遺産分割協議書を複数作成し、相続人ごとに署名

第2章　金融機関の相続手続　123

捺印する形式もあります。

② 記載の形式に不審な点はないか

ページが複数にわたる場合、割印が押されているか、印鑑登録証明書の記載どおりの住所、氏名が記載されているか、記入された住所、氏名に同一筆跡がないかどうか、印鑑登録されている実印どおりの印影かを確認します。

③ 取得者、預貯金等取得する財産の特定、複数の取得者がいる場合に取得割合や金額等が特定されているか

預貯金は、原則として、預貯金課目、金額、口座番号により特定されますが、そうした事項が記載されていなくても、たとえば、「○○銀行の預金はすべてＡ、△△信用金庫の預金はすべてＢ」と記載されている場合、特定の金融機関の定期預貯金について「額面100万円のものはＡ、額面200万円のものはＢ」などと額面金額ごとに取得する相続人が特定されており、同一額面預貯金がほかにない場合などでも、どの預貯金がだれに帰属するかは明確となりますので、特定があるといえるでしょう。

遺産分割協議書の確認が完了したら、金融機関所定の「相続手続依頼書」に相続人の署名捺印を得て、預貯金の相続手続を行います。

このとき、どの範囲の相続人から相続手続依頼書に署名捺印をもらうかという点が問題となります。

本来、遺産分割の協議が適法になされ、その内容が遺産分割協議書に適切に記載されているのであれば、相続人間で遺産分割が成立しているはずです。そのため、遺産分割協議書によって、金融機関の預貯金のすべてまたは特定された一部を取得する相続人が、それらの相続預貯金について相続手続依頼書を提出した場合には、その内容に従って取り扱うことが可能です。

　もっとも、遺産分割協議書に、「その他財産一切」等と包括的記載がなされている場合など、遺産分割協議書の対象となる財産のなかに当該金融機関の預貯金が含まれるか否か判断に迷うことがあります。その場合、相続手続依頼書において、相続人の全員の署名捺印を求め、金融機関のリスクを排除することも考えられますが、相続人の立場からすると、遺産分割協議書に重ねて相続手続依頼書にまで相続人全員が署名捺印をするのは負担が少なくありません。

　金融機関としては、顧問弁護士等への相談を含め、相続預貯金を取得する相続人の署名捺印で足りないかを十分に検討したうえで、それでも必要があれば、丁重な説明をして相続手続依頼書の提出を求めるべきでしょう。

(2)　裁判所の関与による場合

　家庭裁判所の調停により遺産の分割が行われた場合には、調停調書謄本、家事審判により遺産の分割が行われた

場合には、審判書の謄本および確定証明書の提出を受けます。遺産の分割に関する審判は、即時抗告（家庭裁判所の審判に不服があるときは、2週間以内に不服の申立てをすることができる制度）をすることができるので、確定しなければその効力は生じません。審判謄本だけでなく、確定証明書の提出を求め、当該審判が確定していることを確認します。

10 遺言や遺産分割協議によらない払戻し依頼

これまで述べてきたように、複数の相続人がいる場合、遺言がない限り、当然に分割承継されるものを除き、遺産は共有となり、遺産分割協議を経ないと各自が個別に遺産を取得することはできません。

それでは、遺産分割協議がなされていないものの、預貯金を払い戻してほしいという要望が相続人からあった場合に、払戻しにいっさい応じることはないのでしょうか。

金融機関は、葬儀費用や被相続人と生計を一にしていた相続人の当面の生活費に充てるため、一部の相続人に対して一定の金額を限度として支払う便宜払いや、相続人全員の署名捺印がされた相続手続依頼書の提出をもって遺産分割協議前の払戻しに応じる実務をとっているところが少なくありません。

どの範囲で、どのような考え方に基づき、どのような要

件があれば払戻しに応じるかについては、各金融機関の取扱いが分かれるところです。

　特に、一部の相続人からの申出による便宜払いについては、平成28年12月19日の大法廷決定後、金融機関のリスクが大きくなっていることから、その払戻しの上限や要件の見直しを行っている金融機関もあると思います。また、大法廷決定をふまえ、改正後の民法では、仮払い制度が創設されました。詳細は第1章および第2章のQAにて細かく説明していますのでそちらをご覧いただくとして、ここでは現在、よくとられている取扱いをご説明します。

(1)　便宜払い

　葬儀費用相当額を被相続人の預貯金から充当したいとの相続人のニーズは高く、遺産分割協議が調うのを待っていてはこのニーズに十分応えられないこと、一般に使途が葬儀費用であればほかの相続人からクレームが出されるおそれが少ないことから、相続人の一部からの申出であっても、払戻しに応じている金融機関が大半であり、大法廷決定後も同様の取扱いをする金融機関が多いと考えられます。ただし、大法廷決定後、各相続人は、自己の法定相続分に基づく預貯金の払戻しを行うことができなくなりましたので、こうした便宜払いは金融機関のリスクのもとで行われていました。

　以上のような実務上の不都合を解消するため、改正後の

民法では、「相続開始時の預貯金債権の額（口座基準）×1/3××当該払戻しを行う共同相続人の法定相続分（ただし、150万円を上限とする）」であれば、遺産分割前にも法定相続人が単独にて払戻しを受けられることとなりました。

今後、金融機関においてはこの仮払い制度にあわせて規定類を見直し、遺産分割前の仮払いに応じていくことになります。

⑵　遺産分割協議前の払戻し

遺産分割協議前の払戻しであっても、相続手続依頼書に相続人全員の署名捺印を得たうえで全額の払戻しに応じている金融機関もみられます。

これは、遺産分割の前段階として預貯金を現金化する手続として取り扱われています。すなわち、遺産分割協議が成立した後に、円滑に分割手続を進めることができるよう、あらかじめ、預貯金債権を、分割が容易な現金に換えておく趣旨で預貯金の払戻しを依頼される場合です。これは、遺産を分割する行為そのものではなく、財産のかたちを変える行為にすぎないため、遺産分割協議前であっても可能であるとの考えに基づくものです。

もっとも、そうであっても特定の相続人に対する払戻しはトラブルを招きかねないため、この考え方に基づき、遺産分割協議前の払戻しに応じる場合には、相続手続依頼書

に相続人全員の同意を得たうえで、相続人の印鑑登録証明書を得て払戻しに応じます。

11 ま と め

相続手続は本章の冒頭に述べたように個別性が高く、専門知識を要するものであり、金融機関にとっては神経を使う手続の1つです。

しかし、相続手続がデリケートな問題を含むものであるがゆえに、金融機関が的確な対応を行えば、相続人から信頼を得、新たな顧客獲得の重要なチャンスともなりえます。単に決められた手続を履行するだけではなく、顧客の目線を意識しながら、適時適切な対応を行うようにしたいものです。

(北川・寳田)

第2節 金融機関における相続預貯金の払戻し義務

Q1 遺族から預貯金者死亡の連絡を受けたら、まず、どうしますか

▼ 結 論

死亡の事実を確認したうえで、口座を凍結し、遺族に対し、相続手続を求めます。

▼ 解 説

遺族から預貯金者死亡の連絡を受けたら、まず、届出者と預貯金者の関係および、死亡の事実を確認します。遺族が預貯金者の除籍謄本や死亡診断書をもっていたら、これにより死亡日と死亡の事実を確認します。

次に、遺族に対しては、口座を凍結し、以後被相続人の預貯金の入出金は仮払い制度（第1章第2節Q7参照）によるほかは、できなくなることを説明します。

また、できる範囲で、相続人の範囲、遺言または遺産分割協議書の有無、届出人の連絡先等について聴取し、相続手続に備えます。

その後、相続人（全員）の署名捺印による（金融機関所

定様式の）相続手続依頼書の提出を依頼するなど、必要な相続手続を案内します。

　あわせて、金融機関内部の手続としては、預貯金者死亡の事実を確認したら直ちに、取引禁止コード等を登録するなどして預貯金口座を凍結し、仮払い制度による仮払い・払戻し以外の入出金を停止します。　　　　　　　（宗宮）

預貯金者の死亡を新聞・テレビなどの報道で知ったら、どうしますか

▼ 結 論

訃報などが掲載された新聞を閲覧した場合やテレビやラジオなどで預貯金者死亡の報道があった場合には、近親者への事実確認をし、口座を凍結します。

▼ 解 説

訃報などが掲載された新聞を閲覧した場合やテレビやラジオなどで預貯金者死亡の報道があった場合には、近親者への事実確認をするとともに口座の凍結を実施します。

そのうえで、近親者に事実確認をする際には、口座凍結をしなければならない旨および相続手続が必要である旨を説明します。あわせて、生活費や葬儀費用の支払などの資金需要に対しては、仮払い制度（第1章第2節Q7参照）があることを説明しましょう。

信頼できる機関から預貯金者死亡の確たる情報を入手していたにもかかわらず、漫然と口座凍結手続をせず、預貯金が流出した場合には、後日、金融機関の善管注意義務を問われかねないため、確実に手続を行うことが必要です。

他方、近所の方など近親者以外の第三者から知るところとなった場合には、状況に注意しつつも、基本的には、相

続人等からの連絡を待てばよいでしょう。むやみに近隣に
事情を聴き込むことにより、金融機関の守秘義務に反する
事態も起こりえますし、預貯金者の相続人の感情を害する
ことにもなりかねないので、慎重な対応が必要です。

（宗宮）

Q3 被相続人の戸除籍謄本から相続人を確認する際には、どのような点に注意をしたらよいですか

▼ 結 論

被相続人の戸除籍謄本（戸籍謄本、除籍謄本、改製原戸籍謄本、戸籍（除籍）の全部事項証明書）の確認は、①被相続人の死亡に関する事実の確認、②被相続人の戸除籍謄本の連続の確認、③相続人の確定の順で行います。特に、相続人の確定にもれがないよう、被相続人の戸除籍謄本の連続は慎重に確認する必要があります。

▼ 解 説

①　被相続人の死亡に関する事実の確認

被相続人の最新の戸除籍謄本の「戸籍に記録されている者の欄」（戸籍Ⅰ①参照）に「除籍」との記載や「名欄」（戸籍Ⅱ参照）に×印の記載がないかを探します。これらの記載があった場合、被相続人の戸除籍謄本の「身分事項欄」（戸籍Ⅰ③、戸籍Ⅱ参照）を確認し、死亡日など被相続人の死亡に関する事実を確認します。

②　被相続人の戸除籍謄本の連続の確認

被相続人の死亡に関する事実を確認したら、被相続人の戸除籍謄本を出生までさかのぼります。法令の規定に基づ

く改製や本籍を移す転籍により戸籍が編製される場合、もとの戸籍に記載されていた事項がすべて移記されるとは限りません。戸籍が編製されるまでの間に死亡や婚姻などにより、もとの戸籍から除籍された者は移記されないため、直近の戸除籍謄本だけでなく過去の戸除籍謄本をさかのぼり、相続人をもれなく確認する必要があります。

　基本的な戸除籍謄本の連続の確認方法としては、

・被相続人の死亡に関する事実が記載された戸除籍謄本Ａの「戸籍事項欄」（戸籍Ⅰ②参照）から編製、改製および転籍の記載や被相続人の「身分事項欄」（戸籍Ⅰ③参照）から婚姻等の身分事項に関する記載を探し、最も日付の新しい記載（被相続人の死亡や除籍の原因となった事項の記載は除きます）を確認します。

・改製が最も日付の新しい記載（戸籍Ⅰ④参照）であれば、「 改製原戸籍 　平成6年法務省令第51号附則第2条第1項による改製につき平成○年○月○日消除」等、改製や消除の記載のある戸除籍謄本Ｂ（戸籍Ⅱ参照）を探します。通常、戸除籍謄本Ｂは戸除籍謄本Ａの1つ前の戸除籍謄本となります。

・改製以外の記載が最も日付の新しい記載であり、その記載のなかに従前の戸籍の本籍が記載されていれば、従前の戸籍の本籍と戸除籍謄本Ａの「本籍欄および筆頭者氏名欄」（戸籍Ⅰ⑤参照）と同一の筆頭者氏名が記載されて

第2章　金融機関の相続手続　135

【戸籍Ⅰ】

（2の1）　全部事項証明

本　　籍　　⑤	東京都千代田区平河町一丁目10番地
氏　　名	甲野　義太郎
戸籍事項　　② 　　戸籍改製	【改製日】平成12年3月4日　　④ 【改製事由】平成6年法務省令第51号附則第2条第 　　　1項による改製
戸籍に記録されている者 ① 除　籍	【名】義太郎 【生年月日】昭和40年6月21日 【父】甲野幸雄 【母】甲野松子 【続柄】長男
身分事項　　③ 　　出　　生	【出生日】昭和40年6月21日 【出生地】東京都千代田区 【届出日】昭和40年6月25日 【届出人】父
婚　　姻	【婚姻日】平成4年1月10日 【配偶者氏名】乙野梅子 【従前戸籍】東京都千代田区平河町一丁目10番地 　　甲野幸雄
死　　亡	【死亡日】平成24年12月13日 【死亡時分】午後8時30分 【死亡地】東京都千代田区 【届出日】平成24年12月15日 【届出人】親族　甲野梅子

発行番号　000001　　　　　　　　　　　　　　　　　　　　　以下次頁

（注）　戸籍法施行規則付録第24号をもとに作成。

（2の2）　全部事項証明

戸籍に記録されている者	【名】梅子 【生年月日】昭和41年1月8日 【父】乙野忠治 【母】乙野春子 【続柄】長女
身分事項 　出　生	【出生日】昭和41年1月8日 【出生地】京都市上京区 【届出日】昭和41年1月10日 【届出人】父
婚　姻	【婚姻日】平成4年1月10日 【配偶者氏名】甲野義太郎 【従前戸籍】京都市上京区小山初音町18番地 　　　乙野忠治
配偶者の死亡	【配偶者の死亡日】平成24年12月13日
戸籍に記録されている者	【名】芳次郎 【生年月日】平成10年1月6日 【父】甲野義太郎 【母】甲野梅子 【続柄】長男
身分事項 　出　生	【出生日】平成10年1月6日 【出生地】東京都千代田区 【届出日】平成10年1月17日 【届出人】父
	以下余白

発行番号　000001
　これは、戸籍に記録されている事項の全部を証明した書面である。
　平成何年何月何日

　　　　　　　　　　　　何市町村長氏名　| 職　印 |

【戸籍Ⅱ】

			平成拾年壱月六日東京都千代田区で出生同月拾七日父届出入籍㊞				八番地乙野忠治戸籍から入籍㊞	平成四年壱月拾日甲野義太郎と婚姻届出京都市上京区小山初音町十	昭和四拾壱年壱月八日京都市上京区で出生同月拾日父届出入籍㊞
出生			母	父	出生	妻		母	父
平成拾年壱月六日	芳次郎		梅子	甲野義太郎	昭和四拾壱年壱月八日	梅子		春子	乙野忠治
				長男					長女

(注)　戸籍法施行規則附録第6号をもとに作成。

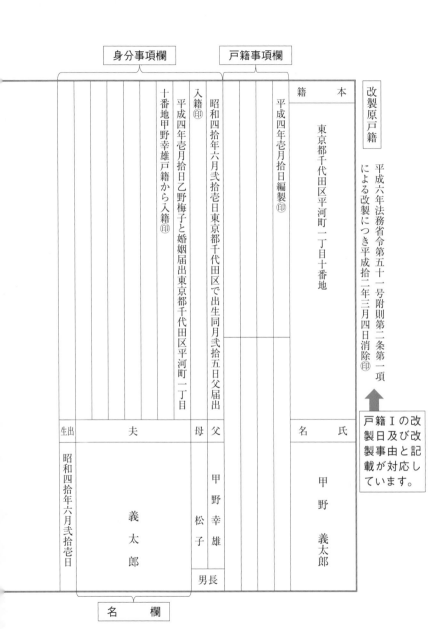

第2章　金融機関の相続手続　139

いる戸除籍謄本Cを探します。なお、戸除籍謄本Aに従前の戸籍の筆頭者氏名も記載されていた場合には、従前の戸籍の本籍と従前の戸籍の筆頭者氏名が記載されている戸除籍謄本Dを探します。

・戸除籍謄本C（またはD）の戸籍事項欄や身分事項欄から転籍や除籍等の記載とその日付を確認します。これが戸除籍謄本Aの転籍や入籍などの記載やその日付と対応している場合、戸除籍謄本C（またはD）は戸除籍謄本Aの1つ前の戸除籍謄本となります。

このように戸除籍謄本を順にさかのぼり、被相続人の出生の年月日よりも前に編製または改製された戸除籍謄本まで確認することにより被相続人の戸除籍謄本の連続が確認できます。

なお、金融機関の実務上、戸除籍謄本が欠けており、相続人の存否を確定できない場合であっても、戸除籍謄本が欠けている時期の被相続人の年齢、実子の有無および養子縁組や認知の有無に関する相続人からの申出事項などもふまえ、相続人の存否を個別的に判断することもあります。

（寶田）

預貯金の相続手続書面（相続手続依頼書）には、だれの署名等が必要ですか

▼ 結 論

遺言がない場合、相続人全員の署名捺印を求めるのが原則です。

遺言がある場合、預貯金を承継する受遺者や相続人の署名捺印が必要です。ただし、遺言の有効性等に注意します。

また、遺言執行者が選任されている場合には、遺言執行者の署名捺印を求めます。

▼ 解 説

相続による預貯金の払戻し手続に際し、金融機関は相続手続依頼書、相続届（以下、「相続手続依頼書」といいます）といった名称の書類の提出を求めています。この依頼書にだれの署名捺印を求めたらよいかは、遺言の有無や遺言執行者の存否により異なります。

なお、相続手続依頼書への捺印は、通常、実印を用いますので、あわせて印鑑登録証明書の提出も求めます。

① 遺言がない場合

遺言がない場合、原則として相続人全員の署名捺印が必要になります。もちろん、遺産分割協議が成立している場

合には、相続人全員の署名捺印がされている遺産分割協議書の提出を受けたうえで、当該協議に基づき預貯金を相続する者の署名捺印を求めることになります。

② 遺言がある場合

遺言がある場合には、原則として、遺言により預貯金を承継することとされている受遺者や相続人の署名捺印を求めます。もっとも、遺言作成時の遺言者の意思能力や、遺言の書換えの有無など、その遺言の有効性について金融機関が確認するのは困難であることから、遺言がある場合であっても、相続人全員の署名捺印を得ている金融機関もあります。少なくとも、相続人らとのやりとりから遺言の有効性に疑問を感じた場合には、事後の紛争を避けるため、相続人全員の署名捺印を求めます。

③ 遺言執行者がいる場合

遺言執行者がいる場合には、届出者が遺言執行者であること、および、遺言執行者の権限を、その選任方法により、遺言や家庭裁判所の審判書謄本により確認します。預貯金の相続手続が、遺言執行者の権限の範囲内であることが確認できたときは、遺言執行者の署名捺印を得て応じることになります。 (山田)

Q5 遺産分割前に相続人の１人から預貯金の支払を求められたらどうしたらよいですか

▼ 結論

被相続人の法定相続人からの求めである場合は、遺産分割前に支払を受ける手段として、家庭裁判所に仮払いの仮処分（家事事件手続法上の保全処分）を申し立てる方法と、裁判手続を利用せずに一定額の範囲で払戻しを受ける方法があることを説明し、金額や緊急性に応じた選択をするための必要な情報を提供します。そのうえで、裁判手続を利用せずに払戻しを受ける方法をとる場合は、法定相続人であること、および、相続割合を示す資料等、払戻しに必要な書類を準備してもらうようにします。

▼ 解説

改正前の民法では、相続人全員の同意がない限り、原則として遺産分割前の預貯金の払戻しは認められませんでしたが、本改正により、相続された預貯金債権について、生活費や葬儀費用の支払、相続債務の弁済などの資金需要に対応できるよう、遺産分割前にも払戻しが受けられる２つの制度が創設されました。

①家庭裁判所に仮払いの仮処分を申し立てる方法と、②裁判手続を利用せずに法定相続人が単独で金融機関の窓口

での払戻しを受ける方法です。

① 家庭裁判所に仮払いの仮処分を申し立てる方法

仮払いの仮処分を申し立てる方法とは、家庭裁判所に遺産分割の審判または調停を申し立てたうえで預貯金債権の仮払いを申し立てるもので、相続財産に属する債務の弁済のためや相続人の生活費を支払うためなど「預貯金債権を行使する必要性」（仮払いの必要性）が認められる場合には、他の共同相続人の利益を害しない限り、家庭裁判所の判断で、特定の預貯金債権の全部または一部を仮に取得させることができるというものです。これは、民法ではなく家事事件手続法を改正して、新たに認められた方法です。②と異なり、仮払いの金額の上限は定められておらず、裁判所が必要と判断すれば、特定の預貯金債権の全額を取得することも可能です。

② 裁判手続を利用しない方法

家庭裁判所の手続を利用せず、預貯金の仮払いを受ける方法も新たに創設されました。①に比べて、仮払いの必要性の疎明（一応確からしいといえる程度の証明をすることをいいます）も裁判手続も要しない点で、簡便といえます。

ただ、この方法による払戻しの金額には一定の上限があり、「相続開始時の預貯金債権の額（口座基準）×1/3×当該払戻しを行う共同相続人の法定相続分」（たとえば、預貯金債権600万円・法定相続人が2人の場合は、600万円×1/3×

1/2＝100万円)、かつ、「金融機関ごとに法務省令で定める額」(150万円。平成30年法務省令第29号)の範囲で払戻しを受けることができます。金融機関ごとに法務省令が定める額については、定型的に預貯金の払戻しの必要性が認められる額に限定する観点から、標準的な当面の必要生計費、平均的な葬式の費用の額その他の事情（高齢者世帯の貯蓄状況など）を勘案して、法務省令において150万円とされています。

そのため、葬儀費用など、被相続人の死亡後すぐに必要となる費用については、②の方法を利用し、相続人の生活費のような、よりまとまった金額を要する場合で相続発生直後にすぐ必要となるわけではないものについては、①の方法によるというように、金銭の必要な時期や金額に応じた使い分けをすることができます。

なお、民法の規定とは別に、金融機関でも、遺産分割協議前に預金の支払に応じる「簡易払い」の手続が定められていることもあり、その金額が法務省令に定められた金額よりも大きい場合には、それに従った案内を行うことになります。

窓口に来店した顧客のニーズにあわせて、2つの制度や金融機関における簡易払いの手続を紹介できるとよいでしょう。

(宗宮)

Q6 窓口に来店した方から、預貯金の仮払い制度を利用して、すぐに被相続人名義の預貯金の払戻しを受けたいといわれた場合、どのようなことを確認したらよいですか

▼ 結 論

払戻し請求者が当該預貯金債権の法定相続人であること、および請求金額が法定の上限額の範囲内かどうかを確認する必要があります。

▼ 解 説

まず、仮払い制度を利用することができるのは、預貯金債権の法定相続人ですので、請求者が法定相続人であることを確認する必要があります。

また、家庭裁判所の判断を経ないで金融機関の窓口で払戻しをする場合、払戻しをすることができる上限額は、「相続開始時の預貯金債権の額（口座基準）×1/3×当該払戻しを行う共同相続人の法定相続分」かつ「金融機関ごとに法務省令で定める額」（150万円）と定められている（第2章第2節Q5参照）ため、請求者の法定相続割合を把握する必要があります。

戸籍謄本や認証文付き法定相続情報一覧図の提出を求め、法定相続人であることおよび請求者の法定相続割合を

146

確認することが必要です。このほか、本人であることや連
絡先の確認のため、印鑑証明や住民票の提出を求めること
も考えられます。　　　　　　　　　　　　　　　　（宗宮）

Q7 遺言がない場合の預貯金の相続手続では、何を確認すればよいですか

▼ 結論

遺産分割協議書、または、相続人全員の署名捺印のされた相続手続依頼書の提出を受けます。遺産分割協議書には相続人全員の署名捺印が必要なので、全員の署名捺印があるかを確認します。

▼ 解説

遺言がない場合、相続された預貯金債権は相続人全員の準共有となり、相続人は単独では預貯金の払戻し手続を行うことはできません。相続手続は、遺産を関係者間で分割していく手続といえます。

① 遺産分割協議書がある場合

被相続人が遺言書を作成していない場合、相続人全員で話し合って個々の遺産をだれが相続するのかを決めます。この話合いを「遺産分割協議」と呼び、合意した内容を文書化し、相続人全員が署名捺印したものが「遺産分割協議書」になります。

遺産分割協議書には相続人全員の署名捺印が必要なので、まずは、戸籍謄本または認証文付き法定相続情報一覧図の写しで相続人がだれかを確認し、そのうえで遺産分割

協議書に自店の預貯金がその協議書の対象として記載されているかなどを確かめたうえで、払戻し手続をすることになります。

②　遺産分割協議書がない場合

遺産分割協議前であっても、相続人から、当面の生活費や葬儀費用の支払に充てるため、預貯金の払戻しを受けたいという依頼を受ける場合があります。このような場合、どのような要件のもとに払戻しに応ずるかは、各金融機関により取扱いが異なりますが、葬儀費用もしくは少額であれば、トラブルが生ずるおそれは一般に少ないことから、できるだけ多くの相続人の同意を得る努力をしつつも、一部の相続人の署名捺印をもって、払戻しに応じている金融機関が多いようです。

今般の相続法改正においては、相続した預貯金の仮払い制度が創設されます（第2章第2節Q5参照）。2019年7月1日以降は、同制度に基づき、単独の相続人からの依頼であっても、以下の計算式で求められる額（ただし、同一の金融機関に対する権利行使は、法務省令で定める額（150万円）を限度とする）の払戻しに応じることになります（改正後の民法909条の2）。

〈計算式〉

　　単独で払戻しをすることができる額＝相続開始時の預貯金債権の額×1/3×当該払戻しを求める共同相続人

の法定相続分

　また、遺産分割協議前に、遺産分割協議後の承継手続を円滑にするため、預貯金を現金化する趣旨で払戻しを求められることもあります。これに応じて払戻しをする金融機関も少なくありませんが、その際には、後日のトラブルを避けるため、相続手続依頼書に相続人全員の署名捺印を受けたうえで、払戻しに応じます。

　遺産分割協議書がない場合の払戻しの要件や金額については、各金融機関により異なります。特に、今回の相続法改正にあわせて各金融機関の規定が変更されることも考えられますので、ご自分の所属する金融機関の規定を確認しましょう。　　　　　　　　　　　　　　　　　　　（山田）

Q8 遺言がある場合の預貯金の相続手続では、何を確認すればよいですか

▼ 結論

お客様から遺言がある旨の申出を受けたときには、①遺言の検認手続がすんでいるか（自筆証書遺言の場合）、方式は適法か、②最後の遺言か、③遺言執行者はいるか、④遺言の内容として預貯金等の財産の帰属が記載されているかを確認します。

▼ 解説

① 遺言の検認手続はすんでいるか、方式は適法か

普通の方式による被相続人の相続に関する意思を記した遺言には、「自筆証書遺言」「公正証書遺言」「秘密証書遺言」の３つがあり、「自筆証書遺言」と「公正証書遺言」がよく使われています。

自筆証書遺言とは、遺言者が自ら作成する遺言です。原則としてその全文、日付および氏名を自署し、これに押印すること、加除訂正には変更箇所を指示し、これを変更した旨を付記して署名し、その変更場所にも押印を要するなど、方式が細かく決められています（改正による自筆証書遺言の方式の緩和については、第１章第２節**Q10**をご参照ください）。自筆証書遺言の場合、遺言書の保管者またはこれ

を発見した相続人は、遺言者の死亡を知った後、遅滞なく遺言書を家庭裁判所に提出して、その「検認」を請求しなければなりません。また封印のある遺言書は、家庭裁判所で相続人等の立ち会いのうえ、開封しなければならないことになっています。

　したがって、お客様から自筆証書遺言の提示を受けた場合には、まず、検認手続を経ているかを確認します。裁判所の検認手続を受けた遺言書には、検認済証明書が添付されますので、これにより確認することができます。なお、遺言書保管法により、法務局で保管された自筆証書遺言については、検認手続が不要となります。

　また、遺言が法定の方式に従って作成されているかも確認します。公正証書遺言の場合は公証人が作成するため、その形式に瑕疵があることはほとんどありませんが、自筆証書遺言は、被相続人が自ら記載するため、必ずしも法定の様式に従って作成されていない場合があります。したがって、自筆証書遺言の場合は、次の点について確認する必要があります。

・作成の日付、氏名が記載されているか。

・日付、氏名を含む全文が自署されているか（ただし、改正後の民法では財産目録について、各ページごとに署名押印することにより自書不要）（改正後の民法968条2項）。

・押印（実印でなくても可）がなされているか。

・加除訂正は遺言者自身によりなされているか。加除訂正は適法になされているか。

公正証書遺言については、相続後、家庭裁判所の検認の必要がありません。公正証書遺言では、証人2人の立ち会いのもと、遺言者が公証人に対して遺言の趣旨を口授し、公証人がこれを筆記したものに、遺言者と証人、公証人が署名し押印しているからです。

② 最後の遺言か

遺言書は遺言者が新たに遺言することにより、いつでも変更することができます。したがって、遺言による相続手続においては、払戻しの請求をした相続人に対して、その遺言が遺言者の最後の遺言であることを確認する必要があります。

③ 遺言執行者はいるか

相続手続の請求者を確認するために、遺言執行者の有無も確認します。遺言執行者は遺言により指定される場合のほか、家庭裁判所へ申し立てることにより選任される場合があります。遺言執行者は、その権限に属する事項について、単独で相続手続を行うことができます。

④ 預貯金がだれに帰属するか

遺言の内容から預貯金がだれに帰属するかを確認します。

自筆証書遺言は、必ずしも法的知識を有しているとは限

第2章　金融機関の相続手続　153

らない遺言者が作成するものですので、その文言から遺言者の意思が明確でない場合があります。このような場合、遺言の文言を解釈しなければなりません。遺言は、「遺言書に表明されている遺言者の意思を尊重して……可能な限りこれを有効になるように解釈することが」被相続人の意思に沿うというのが判例の立場であり、不明確であるからといって、当然に効力が否定されるものではありません。遺言の記載内容が不明確で、預貯金の帰属を判断しがたい場合には、顧問弁護士等に対応を相談し、場合によっては、相続人全員の署名捺印を得たうえで、遺言による承継者に払戻しをします。

　なお、民法には、一定の相続人に、最小限留保されるべき遺産の一定割合（遺留分）が定められていますが、遺留分は全体財産に対する割合ですので、遺産のすべてを知りえない金融機関がそれに関与することはできませんし、調査する法的義務もありません。また、改正後の民法では、遺留分を侵害された者の権利は、受遺者または受贈者に対する金銭債権とされましたので、遺留分権利者が金融機関に対し、直接、遺留分に基づく預金の払戻しを求めることはできません。したがって、金融機関としては、遺留分を侵害する内容の遺言であっても、その記載内容に従い、払戻し手続を行えば足ります。

⑤　ほかに何を確認するか

　遺言書がある場合であっても、相続人間で別の内容の遺産分割協議を行うこともありますので、払戻しの請求をした相続人に対して、遺産分割協議が行われていないことも確認してください。

⑥　遺言に基づき払戻しを行う場合、だれから署名捺印
　　を得るか

　遺言執行者がいない場合、かつては、相続手続依頼書に相続人全員の署名捺印を求める取扱いが多かったようです。しかしながら、遺言があるにもかかわらず、硬直的に相続人全員の署名捺印を求めると、遺言による円滑な相続手続ができないことになります。

　遺言の効力からすれば、基本的には遺言の有効性などを確認したうえで、当該預貯金を承継する相続人、受遺者から署名捺印を得て払戻しに応じるのが原則です。

　他方、遺言の有効性が疑わしい場合や相続人間に争いがあることが判明している場合には、金融機関においてその真偽を確かめるすべはないため、遺言があるからといってその払戻しに当然に応ずるのではなく、相続人全員の署名捺印を得たうえで、これを行うべきです。　　　　　　　（山田）

Q9 遺言の存否が不明な場合、相続人に対してどのような助言をしたらよいですか

▼ 結論

遺言者が貴重品を保管する可能性のある場所を探してもらうことのほか、公証人役場の遺言検索システムにより公正証書遺言または秘密証書遺言の有無を検索することや、法務省に照会をかけることにより、保管されている自筆証書遺言の有無を確認することを助言してください。

▼ 解説

① 公正証書遺言または秘密証書遺言の場合

遺言には、「自筆証書遺言」「公正証書遺言」「秘密証書遺言」の3種類があります。このうち、「公正証書遺言」と「秘密証書遺言」は、公証人の立ち会いのもとに遺言が完成し、公証人役場が遺言の存在を証明してくれます。なお、昭和64年1月1日以降に作成された公正証書遺言または秘密証書遺言であれば、全国のどの公証人役場からでも、公正証書遺言または秘密証書遺言の存否および保管場所を検索できる「遺言検索システム」を利用できますので、同システムを利用して、遺言の存否を検索するよう、助言してください。

ただし、遺言の検索ができるのは、相続開始後、相続人

等の利害関係人に限られます。遺言者が生存している間は、利害関係人からの問合せであっても、遺言の存否については回答してもらえません。遺言者が亡くなったことと、遺言者の相続人であることを証明できる資料をもって、公証人役場に問合せをするよう、助言してください。

② 自筆証書遺言の場合

自筆証書遺言は、遺言者が単独で作成して、保管場所を自由に決めることのできる遺言です。そのため、遺言者が遺言をどこに保管しているのか、そもそも遺言を作成したのかどうかを確認することは、容易ではありません。遺言の存否が不明の場合には、銀行の貸金庫や、自宅の金庫、仏壇など、遺言者が貴重品を保管する可能性のある場所として、思い当たる場所をすべて探索するよう、助言せざるをえないこともあります。

もっとも、遺言書保管法の創設により、自筆証書遺言を、法務局に保管してもらうことができるようになりました。

まずは、闇雲に遺言を探す前に、遺言者の住所地もしくは本籍地または遺言者が所有する不動産の所在地を管轄する法務局に、遺言書情報証明書の交付を請求するよう、助言してください。ただし、遺言書情報証明書の交付を請求できるのは、相続人や遺言に記載のある受遺者などの「関係相続人等」です（遺言書保管法9条1項、10条1項）。ま

第2章　金融機関の相続手続　157

た、相続開始後でなければ、交付請求はできませんので、関係相続人等であることと、遺言者が亡くなったこととを証明できる資料（戸除籍謄本等）が必要であることも、あわせて助言してください。 (加藤)

Q10 遺産分割協議、または、遺産分割調停・審判が行われた場合の預貯金の相続手続は、何を確認しますか

▼ 結 論

遺産分割協議の場合は遺産分割協議書、遺産分割調停・審判の場合は「調停調書謄本」や「審判書謄本」で預貯金を相続した者を確認し、その者から相続手続依頼書の提出を受けて、相続手続を行います。

▼ 解 説

遺産分割協議が成立した場合、その合意内容を記した遺産分割協議書が作成されます。遺産分割協議は相続人全員で行う必要があるため、遺産分割協議書の提出を受けたときには、その協議書に相続人全員の実印での押印があるかどうかを確認します。添付書類としては、相続人全員の戸籍謄本（相続人の戸籍謄本をどこまで求めるかは金融機関によって異なります）と印鑑登録証明書の提出を求めます。

遺産分割調停や審判が行われた場合は、①家庭裁判所の調停調書謄本または、審判書謄本および確定証明書、②預貯金を相続した者の戸籍謄本と印鑑登録証明書の提出を求め、その内容を確認したうえで払戻し手続を行うことになります。

(山田)

第2章　金融機関の相続手続　159

Q11 遺産分割協議中に、相続人が遺言をもって払戻しに来たら、どうしますか

▼ 結 論

相続人全員の同意を得てから払戻しします。

▼ 解 説

　遺言書に記載のない財産について遺産分割協議中の場合は別として、相続人間で遺産分割協議を行っているにもかかわらず、遺言書による払戻しを求められるというケースでは、そもそも遺言書の有効性について相続人・受遺者間で争いがある可能性があります。

　この場合には、慎重な対応が求められますので、上司や顧問弁護士等の意見をふまえて、相続人・受遺者等関係者全員の同意を求めるといった対応が必要です。　　（山田）

Q12 相続人の1人から、遺留分に基づく預貯金の払戻し依頼があったら、どうしますか

▼ 結 論
謝絶し、遺産分割協議書などの提示を依頼します。

▼ 解 説

遺留分とは、兄弟姉妹以外の相続人が相続財産に対して取得することを保証されている一定割合または一定額のことであり、被相続人が他に贈与や遺贈をしても奪われることのないものです（改正後の民法1042条）。たとえば、配偶者と子が相続人となる場合、配偶者の法定相続分は2分の1ですが、その2分の1である4分の1は配偶者の遺留分です。仮に、被相続人が財産を遺贈し、配偶者の取得する分が4分の1以下になる場合、配偶者は、遺贈を受けた者に対し、一定額の財産の取戻しを請求できるのです。

これまで、遺留分の権利を有する者が、遺留分の権利を主張し、遺留分減殺請求をすると、贈与を受けた者や遺言で財産を取得した者の取得した権利は、遺留分を侵害する限度で取り戻されることとされていましたが、相続法改正により、この遺留分減殺請求によって生ずる権利は受遺者または受贈者に対する金銭請求権となりました（改正後の民法1046条1項。第1章第2節**Q12**参照）。

遺留分減殺請求の意思表示は、減殺対象たる処分行為に
より直接に利益を得た受遺者、受贈者またはその包括承継
人に対してする必要があり、金融機関の窓口で、遺留分減
殺請求権を行使する旨を主張したとしても、遺留分減殺請
求権行使の効果は生じません。

　相続人の1人から、2019年7月1日以降に開始した相続
について、遺留分に基づく預貯金の払戻し依頼があった場
合には、遺留分減殺請求は、遺留分を侵害している受遺者
や受贈者に対して請求すべきものであり、払戻しには応じ
られない旨を説明してください。　　　　　　　（山田）

Q13 相続人に未成年者や成年被後見人がいる場合の預貯金の相続手続は、だれが行うことになりますか

▼ 結論

　未成年者については親権者、成年被後見人については成年後見人による相続手続を行います。

　ただし、いずれについても本人（未成年者や成年被後見人）と法定代理人（親権者や成年後見人）とがともに相続人で、利益相反関係にある場合には、特別代理人の選任を得たうえで、同代理人による相続手続が必要です。

▼ 解説

　未成年者は、原則として、単独で法律上の判断を行うことはできず、法律行為を行うには法定代理人の同意や代理が必要です（民法5条）。遺産分割協議や相続放棄は法律行為の一種であるため、未成年者がこれを行うときも、法定代理人が行うことになります。

　しかし、たとえば、夫が死亡して、妻と未成年者である子が法定相続人となる場合のように、未成年者とともにその親も相続人であるときには、未成年者の相続分が減れば法定代理人の相続分が増加する関係にあり、未成年者と法定代理人との利益が相反しているといえます。その場合、

第2章　金融機関の相続手続　163

遺産分割協議にあたって、利益の相反する親が未成年者の代理人となることはできず、未成年者について、家庭裁判所で特別代理人を選任することになります（民法826条）。特別代理人であることを証明する資料としては、家庭裁判所から交付を受ける審判書の謄本を求めることになります。

　なお、親権者である相続人から、未成年者が相続放棄を行ったとして相続放棄申述受理証明書等の公的な書類の提示を受けた場合には、特別代理人が選任されたうえで適正な相続放棄手続が行われたと考えられますので、あらためて特別代理人の選任を求める必要はありません。

　成年被後見人については、成年後見人が代理人となり、成年後見人であることを証明する資料として成年後見登記制度の登記事項証明書を求めることになります。成年後見人と被後見人とがともに相続人であって、利益が相反する行為を行う場合には、未成年者の場合と同様、家庭裁判所に申立てを行って、特別代理人を選任する必要があります（民法860条）。

（山田）

Q14 相続人の1人が相続を放棄している場合、だれが相続人となりますか

▼ 結論

相続放棄がなされると、相続放棄をした法定相続人は初めから相続人とならなかったものとみなされるので、その相続においては、相続放棄をしなかったほかの法定相続人だけが相続人となることになります。

相続放棄の事実は、家庭裁判所の「相続放棄申述受理証明書」で確認します。

▼ 解 説

① 相続放棄とは

相続放棄とは、家庭裁判所に相続を放棄した旨を申述することにより、被相続人の財産の権利や義務をいっさい受け継がないこととする制度です（民法938条、939条）。

被相続人のもっていた財産が、預貯金や不動産といったプラスの財産よりも、借金などのマイナスの財産のほうが大きいときや、特定の相続人だけに被相続人の財産を相続させたいときなどに、相続放棄の制度を利用します。

相続放棄をしようとする人は、相続の開始があったことを知った時から3カ月以内に、相続を放棄する旨を家庭裁判所に申述し、家庭裁判所が申述を受理した時に相続放棄

相続放棄申述受理証明書

事 件 番 号　平成24年（家）第１号

申 述 人 氏 名　甲野　梅子

被相続人氏名　甲野　義太郎

本　　　　籍　東京都千代田区平河町一丁目10番地

申述を受理した日　平成24年２月15日

　上記のとおり証明する。

　　　　　　　　　　平成24年○月○日
　　　　　　　　　　東京家庭裁判所家事第○部○係
　　　　　　　　　　裁判所書記官　　○

の効力が生じます（民法915条）。

　したがって、お客様から相続放棄があったとの申出が
あったとき、金融機関は、お客様に対し、家庭裁判所の相
続放棄申述受理証明書の提出を求め、これにより相続放棄
の事実を確認し、残りの相続人から遺産分割協議書などの
提出を受けて相続手続を行う必要があります。

②　法定相続証明情報一覧図に相続放棄の事実は記載されない

　平成29年5月29日から始まった法定相続情報証明制度で交付される認証文付き法定相続情報一覧図の写しには、法定相続人が相続放棄をしたかどうかは記載されませんので、写しが提出されたときも、相続放棄があったかどうかを確認する必要があります。

③　事実上の相続放棄

　また、相続人間の話合いのなかで特定の相続人の相続分をゼロとする「事実上の相続放棄」がなされることもあります。この場合は、遺産分割協議書の提出を受けるか、相続分をゼロとする人も含めた相続人全員の同意を記した書類の提出を受けたうえで、払戻しに応じることになります。

　　　　　　　　　　　　　　　　　　　　　　　　（山田）

Q15 預貯金者に相続人がいない場合は、預貯金はどうなりますか

▼ 結 論

家庭裁判所に選任された相続財産管理人が、相続財産の清算を行います。

▼ 解 説

① 金融機関も相続財産管理人の選任申立てをすることができる

相続人が初めからだれもいないときや、相続人の全員が相続放棄をしたときなど、相続人がいないこともあります（以下、「相続人の不存在」といいます）。

相続人の不存在の場合、利害関係人や検察官の申立てにより、家庭裁判所は「相続財産管理人」を選任し、この相続財産管理人が、被相続人の債権者等に対して被相続人の債務を支払うなどして清算を行います（民法952条）。

利害関係人には被相続人の債権者や債務者も含まれますので、金融機関も相続財産管理人の選任を申し立てることができます。

家庭裁判所は相続財産管理人の選任を官報に公告し、その後2カ月以内に相続人が現れなかったときは、相続財産管理人が清算手続に入ります。

相続財産管理人は少なくとも2カ月以上の期間を決めて、亡くなった人の債権者や受遺者に請求の申出をするよう官報に公告し、すでにわかっている債権者や受遺者に対して通知をします（民法957条）。

②　特別縁故者からの財産分与の申立て

また、相続人不存在確定後3カ月以内に、亡くなった人と生計を同じくしていた者、亡くなった人の療養看護に努めた者その他の特別縁故者は、家庭裁判所に遺産の全部または一部をもらうことを申し立てることができます（民法958条の3）。

そうして、相続財産管理人は、被相続人のプラスの財産を換価し、債務を払うなどして清算をし、特別縁故者に対する分与を行います。分与がなされず、または一部の分与のみがなされてプラスの財産が残ったときは、その財産は国のものになります（国庫に帰属するといいます）（民法959条）。

③　相続財産管理人に対する金融機関の対応

相続財産管理人であるという方が窓口を訪ねてきたときには、その方が相続財産管理人であるかどうか、また、預貯金の払戻しが相続財産管理人の権限の範囲であるかを家庭裁判所の審判書等により確認し、預貯金の払戻しに応じることになります。

（山田）

Q16 通帳と印鑑がない場合、預貯金の相続手続に応じられますか

▼ 結 論

通帳と印鑑がある場合と同様に応じます。

▼ 解 説

　預貯金取引では、いまでも、あらかじめ金融機関に対して印鑑登録をし、登録された印鑑の印影と払戻し請求書に押印された印影とを照合したうえで、通帳とあわせて本人確認を行うことが少なくありません。

　しかし、相続に際しては、預貯金の払戻し手続を行うのは相続人であることから、被相続人の通帳と印鑑ではなく、相続手続依頼書や遺産分割協議書に相続人等の署名捺印を求めて手続を行うことになります。被相続人の通帳と印鑑がないだけでは、手続を拒む理由にはなりませんので、ご注意ください。

　なお、通帳が回収できない場合、後日、通帳が発見されたとして問合せを受けることがあります。通帳を回収せずに払戻し手続を行った場合には、その旨を記録しておく必要があります。

（山田）

Q17 相続人の1人から貸金庫の開扉依頼があった場合にはどう対応しますか

▼ 結論

相続人全員から開扉依頼書に署名捺印を受け開扉します。

▼ 解説

被相続人の死亡により貸金庫契約上の地位は相続人に承継され、準共有されることになります。債権の準共有者は、保存行為（財産の価値を現状の状態で維持するための管理行為の一種）であれば単独で行うことができるため、各相続人は、単独で開扉して中身を点検する権限を有しています。

しかし、貸金庫の開扉にあたって、金融機関の職員が立ち会うことはできませんので、実際に相続人が中身を確認するだけなのか、内容物の持出し等を行っていないのかを知ることはできませんし、開扉した結果、その相続人が内容物を持ち出して費消してしまった場合には、金融機関自身の責任も問われかねません。

したがって、貸金庫の開扉にあたっては、他の相続人全員の署名捺印を得た開扉依頼書などの提出を受けたうえで行う必要があります。

第2章　金融機関の相続手続

また、他の相続人の同意が得られないとき、また、相続人全員による開扉依頼書は得られても内容物の持出しまでは認められていないときは、公証人に対し「事実実験公正証書」の作成を嘱託し、公証人の立ち会いを得て貸金庫を開扉するべきです。公証人は、貸金庫の開扉に立ち会い、開扉から閉扉までの状況を公正証書に記録しますので、後日のトラブルを避けることができます。

　なお、貸金庫から遺言書が発見された場合には、その引取りについて相続人との間で協議することになります。

（山田）

Q18 遺言執行者が預貯金の払戻しまたは解約に来たら、何を確認したらよいですか。法改正で変わりますか

▼ 結 論

　来店者が、遺言執行者の地位にあることを確認するため、遺言によって遺言執行者に指定された場合には当該遺言の提示を、家庭裁判所によって選任された場合には、選任決定書の提示を求めます。また、遺言の内容の実現において、預貯金の払戻しまたは解約が必要かどうか、また預貯金の払戻し等が遺言執行者の権限とされているかを確認するため、遺言の内容を確認します。あわせて、遺言執行者の本人確認も行います。以上について、法改正による変更はありません。

▼ 解 説

　① 遺言執行者の地位にあることの確認

　遺言執行者とは、遺言の内容を適正に実現するため、指定または選任され、相続財産の管理その他遺言の執行に必要ないっさいの行為をする権利義務を有する者をいいます。遺言執行者の地位に就くには、遺言によって遺言執行者に指定されるか、または遺言により指定を受けた第三者に指定される方法のほか（民法1006条１項・２項）、遺言執

第２章　金融機関の相続手続　173

行者の指定がない場合には、利害関係人の請求によって、家庭裁判所の審判によって選任されることがありえます（民法1010条）。

まずは、遺言執行者を指定する旨の遺言または家庭裁判所の審判書の提示を求めて、来店者が、遺言執行者の地位にあるかどうかを確認しましょう。あわせて、遺言執行者の本人確認のため、身分証の提示も求めます。

② 遺言の内容の実現のために必要な行為であるかどうかの確認

遺言執行者は、遺言の内容の実現のために、遺言の実行に必要な限度で、権利義務を与えられます。遺言執行者の有する権利義務が、「遺言の内容を実現するため」のものであることは、改正後の民法1012条1項にも明記されました。

遺言に記載された遺贈の履行についても（改正後の民法1012条2項）、遺産分割の方法の指定として共同相続人の一部の者に預貯金債権を承継させる場合についても（特定財産承継遺言。改正後の民法1014条3項）、遺言執行者は、預貯金の払戻し請求や預貯金の解約の申入れを行う権限を有しますが、いずれの場合も、遺言の内容の実現において必要な限度に限られます。

なお、特定財産承継遺言の場合に、遺言執行者に預貯金の解約権限まで付与されるのは、その預貯金債権の全部が

特定財産承継遺言の目的である場合に限ることが、法改正によって明文化されました（改正後の民法1014条3項ただし書）。すなわち、遺言の内容が、遺言者名義の預貯金債権の一部のみについて、共同相続人の一部に相続させるというときには、遺言執行者であっても、その預貯金を解約することまではできず、遺言に記載された分の払戻しの申入れができるにとどまるということになります。

　遺言執行者の払戻しまたは解約の申入れが、遺言の実行に必要な限度の申入れであるかどうかを確認するために、遺言の内容をよく確認しなければなりません。　　　　（加藤）

Q19 遺言執行者があるにもかかわらず、相続人から預貯金の払戻しを求められました。どうしたらよいですか。また、遺言執行者がある場合に、遺言で当該預貯金を相続するとされた相続人の債権者が、被相続人の預貯金債権を差し押さえ、取立てを実行しようとしています。相続人の債権者の取立てに応じても大丈夫ですか

▼ 結 論

　遺言執行者があることが判明している場合には、相続人に預貯金を払い戻してはいけません。

　一方で、遺言の定めに従って、被相続人名義の預貯金債権を相続した相続人の債権者が、当該預貯金債権を差し押さえる場合、金融機関は、差押命令に基づく取立てに応じてかまいません。

▼ 解 説

　①　遺言執行の妨害行為は無効になること

　本来、相続が開始するとともに預貯金の返還請求権は共同相続人に承継されますから、遺言または遺産分割協議の定めに従って預貯金債権を相続した相続人が、当該預貯金の払戻しを請求できるはずです。しかし、遺言執行者があ

る場合には、相続人であっても相続財産の処分（預貯金の払戻し）ができなくなります（改正後の民法1013条1項）。

　遺言執行者があることが判明している場合には、相続人への預貯金の払戻しをしてはなりません。

　②　相続人の債権者の権利行使は妨げられないこと

　ただし、改正後の民法は、遺言執行者がいて、相続人による相続財産の処分ができない場合であっても、相続人の債権者が相続財産についてその権利を行使することは妨げられないものとしました（改正後の民法1013条3項）。

　遺言執行者がいる場合、相続人の相続財産の処分権限は制限されますが、あくまでも、円滑な遺言執行を実現するためであって、第三者との関係では、相続が開始するとともに、預貯金の返還請求権が、遺言の定めに従って当該預貯金債権を相続した相続人に移転したことに変わりはないと考えられるためです。

　遺言執行者がある場合であっても、遺言の定めに従って預貯金債権を相続した相続人の債権者による、被相続人名義の預貯金債権に対する差押えは有効なので、金融機関は、当該差押債権者の取立てに応じてかまいません。

　預金の払戻しや解約に関する相続人と遺言執行者の権限の関係は以下のとおりです。

第2章　金融機関の相続手続　177

申入れ人		払戻し	解約
相続人	遺言執行者がいない場合	共同相続人全員の同意がある場合、または、遺産分割協議もしくは遺産分割調停・審判成立ずみなら可（平成28年12月19日最高裁判決）	
	遺言執行者がいる場合	不可（改正後の民法1013条1項）	
	相続人が遺言執行者を兼ねる場合	遺言の内容を実現するために必要な範囲内でのみ、可（改正後の民法1014条3項）	預貯金債権の全部が特定財産承継遺言の目的である場合のみ、可（改正後の民法1014条3項ただし書）
遺言執行者	預貯金債権の全部が特定財産承継遺言の目的である場合	遺言の内容を実現するために必要な範囲内でのみ、可（改正後の民法1014条3項）	可（改正後の民法1014条3項ただし書）
	上記以外の場合	遺言の内容を実現するために必要な範囲内でのみ、可（改正後の民法1014条3項）	不可（改正後の民法1014条3項ただし書）

（加藤）

Q20 金融機関が、遺言執行者があることを知らず
に、相続人による遺言の執行を妨げる相続財
産の処分に応じてしまった場合、遺言執行者
からどのような請求をされますか。金融機関
は、遺言執行者からの請求に対抗できますか

▼ 結 論

　相続人による相続財産の処分の無効を前提に、遺言執行
者から、金融機関が相続人との間で設定した登記の抹消等
を請求される可能性があります。ただし、金融機関が「善
意の第三者」（改正後の民法1013条2項ただし書）であれ
ば、遺言執行者の請求に対抗できます。

▼ 解 説

　改正後の民法は、遺言執行者がある場合には、相続人
は、相続財産の処分その他遺言の執行を妨げるべき行為を
することはできず（改正後の民法1013条1項）、これに違反
してなされた相続人の行為は、無効になることを定めまし
た（同条2項本文）。

　その内容について、具体的に、以下の例をもとに考えて
みます。

　Aさんからローンの申込みがありました。Aさん

第2章　金融機関の相続手続　179

は、父親であるBさんから相続したという土地について、相続を原因とする所有権移転の登記を有していましたので、その土地に抵当権を設定し、抵当権設定登記をしたうえで、Aさんに貸付をしました。しかし、Bさんは、その土地をCさんに贈与する旨の遺言を残しており、遺言執行者として、Xさんを指定していることが判明しました。遺言執行者Xが、抵当権設定登記の抹消手続を請求するとともに、Aさんの相続を原因とする所有権移転登記の抹消の承諾を求める場合、抵当権を設定した金融機関は、遺言執行者Xに対抗できますか。

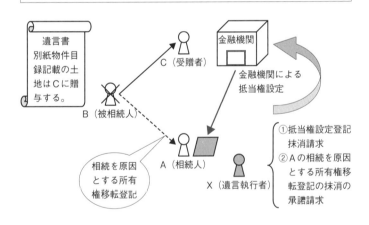

前述の改正後の民法1013条2項本文により、Aの所有権移転登記は、遺言執行の妨害行為になりますので、無効に

なります。前提となる所有権移転登記が無効である以上、同土地についてのAの抵当権設定行為も、無効であり、遺言執行者Xの金融機関に対する抵当権設定登記抹消請求と、BからAへの相続を原因とする所有権移転登記抹消の承諾請求が認められるのが原則です。

しかし、改正後の民法は、遺言執行者がいる場合の相続人による遺言執行の妨害行為は無効としつつ、その無効を、「善意の第三者」には対抗できないとしました（改正後の民法1013条2項ただし書）。

法律行為が無効となる場合、本来、いつでも、だれからでも、だれに対しても、当該行為の無効を主張できます。もっとも、遺言執行者がいることを知らずに、相続財産について、新たに取引関係に加わった者を保護する必要がありますから、遺言執行者があることを知らずに、新たに取引関係に加わった「善意の第三者」に対しては、遺言執行の妨害行為の無効を主張できないものとされたのです。

なお、善意の第三者には、無過失までは要求されませんので、抵当権設定の際に、Bの作成した遺言の内容について、金融機関において調査する義務まではありません。

以上のとおり、金融機関が、遺言執行者が定められたことを知らず、相続を原因とするAの所有権移転登記を信じて、A名義の土地に抵当権を設定した場合には、遺言執行者Xは、金融機関に対し、Aの相続を原因とする所有権移

転および抵当権設定の無効を主張できず、遺言執行者Ｘの金融機関に対する抵当権設定登記抹消請求と、ＢからＡへの相続を原因とする所有権移転登記抹消の承諾請求は認められません。

(加藤)

第3節	相続にかかわる金融実務と 改正法

Q1 抵当権が付されていた相続財産を売却しよう
と現地を見に行ったところ、配偶者短期居住
権があるといわれました。競売をしたとき、
配偶者短期居住権はどうなりますか。また、
配偶者居住権が設定されていたときはどうで
すか

▼ 結 論

　**配偶者短期居住権の場合は、抵当権が優先するため、抵
当権が実行されれば、配偶者は買受人からの明渡請求を拒
むことはできません。他方、配偶者居住権の場合は、その
登記が抵当権の登記よりも先にされていた場合は、抵当権
に優先し、買受人は配偶者居住権付きの建物を取得するこ
ととなります。**

▼ 解 説

　配偶者短期居住権は、配偶者の短期的な居住権を保護す
ることを目的とするものであるため、配偶者は、相続人、
居住建物の受遺者または受贈者に対してのみ主張すること

第2章　金融機関の相続手続　183

ができ、登記等の公示による第三者対抗力は与えられていません。そのため、抵当権の設定および登記が相続により配偶者短期居住権が生じる前であるか後であるかにかかわらず、抵当権が配偶者短期居住権に優先することとなります。

これに対し、配偶者居住権は、不動産賃貸借の規定を準用しており、登記によって第三者に対抗することができるとされています（改正後の民法1031条2項、605条）。したがって、抵当権者が相続開始前に対抗要件である登記を備えていれば、配偶者居住権は、当該抵当権に劣後することになり、配偶者が抵当権の実行により買い受けた者から明渡しを求められた場合には、これを拒むことはできないこととなります。他方、抵当権が設定および登記されるよりも前に配偶者居住権の登記がされていた場合は、抵当権は配偶者居住権に劣後することとなりますので、抵当権の実行により建物を取得した買受人は、配偶者居住権付きの建物を取得することとなります。なお、抵当権者は、抵当権を設定する時点であらかじめ配偶者居住権の存在を知ることができるので、抵当権対象物件の評価の際には、配偶者居住権の存在を織り込んで考える必要があります。

(宗宮)

> **Q2** 改正法施行後、裁判手続によらず、相続人が単独で仮払いを受けられる金額について、仮払いを求めた相続人に対する債権を差押債権として、相続預貯金を差し押さえることはできますか

▼ **結 論**

　仮払いを受けられる金額について差し押さえることはできないと考えられます。

▼ **解 説**

　改正後の民法における仮払い制度は、あくまでも、法律上の規定を設けて預貯金債権のうち一定額については単独での権利行使を可能とするものであって、預貯金債権とは別のなんらかの権利を創設するものではありません。そのため、仮払い制度に基づく払戻しを請求できることそれ自体を独自の権利として観念して、譲り渡したり差し押さえたりすることはできないと考えられます。

　なお、相続財産に含まれる預貯金債権については、相続開始によって共同相続人において準共有されることとなるため、その準共有持分を譲り受けることはできます。この場合でも、仮払い制度の趣旨が、遺産分割までの間に預貯金債権を単独で権利行使できないことにより定型的に相続

第2章　金融機関の相続手続　185

人に生じうる不都合を解消するための特別の方策であることに鑑み、当該持分を譲り受けまたは差し押さえた者は、本制度による預貯金債権の単独での権利行使はできないものと考えられます。もっとも、準共有持分が差し押さえられた場合には、その相続人は、差押えによる処分禁止効により、仮払い制度における払戻しを受けることはできないものと考えられます。 (宗宮)

> ## Q3
> 相続人の債権者は共同相続人が相続した被相続人の預貯金債権について、相殺をしたり、差し押さえて回収することはできますか

▼ 結 論

　相続人は被相続人の預貯金債権の準共有持分を有するにすぎず、相続人の債権者は、遺産分割前に当該債権を受働債権とする相殺をすることはできません。

　相続人の預貯金債権の準共有持分を差し押さえることは可能ですが、遺産分割前の取立てはできず、執行裁判所による譲渡命令、売却命令によって換価することとなります。

▼ 解 説

　預貯金債権は、相続開始により共同相続人全員に準共有（所有権以外の権利を複数人で共有することを「準共有」といいます）されるため、各相続人は抽象的な持分を有するにすぎません。そのため、相続人の債権者である金融機関は、遺産分割がされるまでは、具体的持分としての預貯金債権（当該預貯金債権のうち法定相続分に相当する○○万円の預貯金債権）を対象とする相殺をすることはできません。

　また、差押えについては、遺産分割がされるまでは、具体的持分としての預貯金債権の差押えをすることはできず、「準共有持分」を差し押さえることとなります（準共

第2章　金融機関の相続手続　187

有についても、法律に特別の定めがない限り、共有の規定が準用されるので（民法264条本文）、相続の開始によって、共同相続人の共有下に置かれた預貯金債権について、相続人の債権者が、債務者に当たる相続人の当該預貯金債権に有する準共有持分を差し押さえることは可能です）。なお、差押えの効力の範囲は、差押命令が送達された時点の預貯金債権額のうち、法定相続分に相当する額（差押金額に満つるまで）であり、差押え後に預貯金債権額に変動があったとしても、影響を受けません。

　差し押さえた債権の回収については、預貯金債権が共同相続人の準共有に属することから遺産分割前は各共同相続人による単独での払戻し請求はできないため、差押債権者による取立ては困難であり、執行裁判所による譲渡命令（差し押さえられた債権を裁判所が定めた価額で請求債権および執行費用の支払にかえて差押債権者に譲渡させる方法。民事執行法161条1項）や売却命令（取立てにかえて裁判所の定める方法により差し押さえられた債権の売却を執行官に命ずる方法。民事執行法161条1項）によって換価することが考えられます。譲渡命令等によって預貯金債権の準共有持分が差押債権者または第三者に移転すると、当該第三者と共同相続人との準共有状態となるので、準共有状態を解消する場合は、共有物分割手続をとることとなります（昭和50年11月7日最高裁第二小法廷判決参照）。　　　　　　　　（宗宮）

遺産に預貯金がある場合、被相続人の債権者である金融機関が預貯金債権を差し押さえ、回収を図るためには、どうしたらよいですか

▼ 結 論

被相続人の債権者であった金融機関は、裁判所に対し、共同相続人全員の準共有持分について差し押さえ、これを取り立てることができると考えられます。

▼ 解 説

預貯金債権は、相続開始により各共同相続人全員に準共有されます。他方、被相続人の金銭債務は、法律上当然に分割され、各共同相続人がその相続分に応じてこれを承継します。

そこで、被相続人の債権者である金融機関は、共有相続人全員に対する各債権（相続債務）の回収を図るため、法定相続分に相当する額（差押金額に満つるまで）の範囲で共同相続人全員に対し、預貯金債権に対するそれぞれの「準共有持分」を差し押さえることとなります。

債権者が共同相続人全員の持分を差し押さえる場合は、預貯金債権全体の行使が可能となるので、取立てをすることができると考えられます。

ただし、これら回収の点に関しては、いまだ実務が確立

されていないため、今後の取扱いを注視する必要があります。

（宗宮・加藤）

Q5 共同相続した不動産について、共同相続人がいつまでたっても登記をしません。被相続人の債権者であった金融機関が、法定相続分に従った登記を行い、共同相続人の持分に対して差押えをすることはできますか

▼ 結 論

　被相続人の債権者であった金融機関は、代位による相続登記を行い、共同相続人の持分に対して差押えをすることができます。

▼ 解 説

　相続財産に含まれる不動産は、相続開始により、共同相続人全員が法定相続分に応じた割合で共有することとなり、被相続人の債権者は、その法定相続分を差し押さえることができます。その後に、遺産分割が成立すると、相続開始の時から遺産分割の内容どおりの権利関係が成立していたものとして扱われますが、第三者の権利を害することはできませんので（改正前の民法909条ただし書）、すでに行われた差押えは有効となります。

　共同相続人が登記をしない場合、相続債権者は、債権者代位権（民法423条）の行使により、代位による相続登記をしたうえで当該不動産を差し押さえることができます。

第2章　金融機関の相続手続　191

まず、法務局で相続登記の代位登記をしたうえで、執行裁判所に対し、相続登記が完了した不動産登記事項証明書に基づいて作成した申立書をもって、強制競売の申立てをします。

　なお、従来、相続による権利の承継と対抗要件の要否について、相続させる旨の遺言や相続分の指定、遺産分割方法の指定による取得の場合には対抗要件は不要とされ、遺贈や遺産分割による取得の場合には対抗要件が必要とされるなど、財産の取得方法によって扱いが分かれていました。

　たとえば、被相続人Ｘと２人の相続人ＡおよびＢがいて、相続財産にＸ名義の不動産があるとします。相続債権者は、Ｂに対して、当該不動産のＢの法定相続分を差し押さえることを考えていたところ、Ｘは当該不動産をＡに相続させる旨の遺言があった場合、Ａは登記（対抗要件）を備えなくとも、常に相続債権者の差押えに優先することとされていました。そのため、本設例のように、共同相続人の登記がされていない場合、他の共同相続人に相続させる旨の遺言が存在していれば、金融機関の差押えが劣後することとなりました。

　しかし、こうした結論については、遺言の有無や内容を知りえない相続債権者等の利益を害し、また、登記制度や強制執行制度の信頼を害しかねないとの指摘がされてい

した。

　そこで、改正後の民法は、財産の取得方法にかかわら
ず、相続による権利の承継は、法定相続分を超える部分に
ついては、登記その他の対抗要件を備えなければ第三者に
対抗することができないこととしました（改正後の民法899
条の２）。

　これにより、改正後の民法では、改正前と異なり、被相
続人の債権者であった金融機関は、代位による相続登記を
行い、共同相続人の持分に対して差押えをすることが可能
となっています。

（宗宮）

Q 6 改正後の民法では、遺言執行者の権限はどのように変わりましたか。金融機関が遺言執行者に指定されていた場合の注意点はありますか

▼ **結論**

　遺言執行者の権限について、遺言執行者の法的地位を明確にし、また、これまで規定がなかった個別の類型における権限について規律が設けられました。

───────────────────────────────

▼ **解説**

　①　改正の主な内容

　（ⅰ）　遺言執行者の法的地位（改正後の民法1012条1項）

　従来は、相続人の代理人とされていましたが（改正前の民法1015条）、改正後の民法は、遺言執行者は、遺言の内容を実現することを職務とするもので、必ずしも相続人の利益のために職務を行うものではないことを明らかにしています（改正後の民法1012条1項）。これにより、遺留分減殺請求がされた場合など、遺言者の意思と相続人の利益とが対立する場面においても、遺言執行者はあくまでも遺言者の意思に従って職務を行えばよいことが明確にされました。

(ⅱ) 遺言の執行の妨害行為の禁止（改正後の民法1013
条2項）

遺言執行者がある場合には、それに抵触する相続人の行
為は無効であるとしつつ（2項本文）、遺言の内容を知り
えない第三者の取引の安全を図る観点から、「善意の第三
者に対抗することができない」（同項ただし書き）との規定
が設けられました。

(ⅲ) 個別の類型における権限

特定遺贈または特定財産承継遺言（遺産分割の方法の指
定として遺産に属する特定の財産を共同相続人の1人または数
人に承継させることを定めたものをいいます）がされた場合
の遺言執行者の権限等について、以下のような規律が設け
られました。

・特定遺贈（改正後の民法1012条2項）……遺言執行者が
あるときは、遺贈の履行は、遺言執行者のみが行うこと
ができます。

・特定財産承継遺言（改正後の民法1014条2項・3項）……
遺言執行者は、特定財産承継遺言において、対抗要件具
備のための行為（登記の申請など）をすることができ、
預貯金債権については、対抗要件具備（通知・承諾）の
ほか、預貯金の払戻し請求、預貯金契約の解約の申入れ
をすることができます。

(iv) 遺言執行者の復任権（改正後の民法1016条1項）

従来、遺言執行者は、やむをえない事由がなければ第三者に任務を行わせることができませんでしたが、自己の責任で第三者に復任（再委任）することができることとされました。

② 遺言執行者に指定されている場合の留意点

改正前の民法では、遺言執行者は、遺言の執行に必要ないっさいの行為をする権限を有するとされていたため、遺言執行者の権限の内容は、結局のところ遺言の内容によることになり、そのために遺言執行者の権限の内容をめぐって争いになる場合もありました。改正後の民法において権限について規定が置かれたことは、遺言執行者の職務執行の安定性を増すものといえます。

また、遺言執行者の職務は、遺言の内容いかんによっては非常に広範に及ぶこともありえますが、改正後の民法では、第三者に職務を行わせやすくなったので（改正後の民法1016条1項）、遺言の執行を適切に行うためには弁護士等の法律専門家に任せたほうが適切な処理を期待できるような場合などには、適宜第三者に職務を行わせるなど、これまで以上に柔軟な対応をすることができると思われます。

(宗宮)

第 **3** 章

法定相続情報証明制度

| 第1節 | 法定相続情報証明制度の
あらまし |

1 法定相続情報証明制度がスタートしたきっかけ

平成29年5月29日から、法定相続情報証明制度がスタートしました。

法定相続情報証明制度は、登記所（法務局）に戸除籍謄本等の束を提出し、あわせて相続関係を一覧に表した図（法定相続情報一覧図）を出すと、登記官がその一覧図に認証文を付した写しを無料で交付してくれる制度です。

なぜ、このような制度がスタートしたのでしょうか。

法定相続情報証明制度は、所有者が不明の土地問題や空き家問題をきっかけに新設されました。まずは、この所有者が不明の土地問題と空き家問題について説明します。

(1) 所有者不明土地問題

不動産登記簿等の所有者台帳により、所有者が直ちに判明しない、または判明しても連絡がつかない土地は、国や都道府県や市町村との関係において、多くの問題を引き起こしていると指摘されてきました。「所有者不明土地問題」といわれています。

たとえば、大規模な斜面崩落および河道閉塞が発生した地域において、国が、二次災害を防ぐためなどに緊急に砂

防対策工事をしている最中、砂防対策工事に必要な土地の共有者のうちの1名の相続人の所在が不明で工事が中断したことがありました。

その共有者は明治20年生まれの方で、現在はすでに死亡していることが明らかでしたが、相続の登記がされていなかったために、だれが相続人か不明だったのです。国は、すみやかに砂防対策工事をするために、工事の対象となる土地を売買によって取得する必要があったのですが、共有者のうちの1名の相続人が不明なので、土地を取得することができず、砂防対策工事が止まってしまいました。結局、国は、不在者財産管理人の制度を利用し、2年もの時間をかけて、土地売買の契約をしました。

このようなことの原因は、土地の所有（共有）者が死亡した後、その事実が登記に反映されず放置され、その相続人がだれか不明であるという点にありました。

(2)　空き家問題

近年社会問題となっている空き家は、主要構造の腐食による倒壊による被害、屋根・外壁の剥離による飛散による被害やごみ等の放置、不法投棄による衛生上の影響、害獣・害虫の増殖、景観計画に対する不適合による景観上の影響など、近隣や道路通行上のさまざまな問題を引き起こしていました。平成27年2月26日には、空家等対策の推進に関する特別措置法（以下、「空家等対策特別措置法」とい

います）が施行され、空き家を少しでも減らすための法制度が整備されましたが、この法律にも限界がありました。空家等対策特別措置法は、特定の空き家を撤去するための行政代執行を行うことができる旨を規定していますが、同法に基づいて行政代執行を行う前提として、所有者に対して指導、勧告を行わねばならず、所有者が判明していることが前提でした。

しかし、空き家となっている建物の所有者が死亡したにもかかわらず、相続登記がなされず、登記が放置され、現在の所有者がだれか不明となり、空き家の修繕などを求めることが困難となるということが生じたのです。

その結果、空き家問題の改善はあまり進みませんでした。

⑶　相続登記の促進

高齢化の進展による相続件数の増加や、地方から都市への人口移動に伴う不在者の増加などにより、こうした問題は地方を中心にさらに増加していくことが予想されます。

政府は、2016年6月に「経済財政運営と改革の基本方針2016」「日本再興戦略2016」および「ニッポン一億総活躍プラン」を閣議決定し、そのなかで、相続登記の促進に取り組むことになり、法定相続情報証明制度がスタートしました。

2 相続手続を妨げている原因

　相続登記の手続では数多くの書類を集めます。相続人の範囲を確定するために、被相続人の出生から死亡までの戸籍や除籍の謄本をすべて集める必要があります。相続人が兄弟姉妹という場合には、被相続人の父母の出生から死亡までの戸籍謄本や除籍謄本を集めることになります。これらを集めることによって、相続人の範囲が初めて確定されるのです。

　被相続人の相続人を確定する作業は、相続登記に限ったことではありません。相続人は、預貯金口座の名義変更や保険金請求のたびに、戸籍謄本や除籍謄本をすべて集めなければならないことになりますが、これが大変な負担です。また、戸籍謄本や除籍謄本の還付を受けられる場合でも、1つの手続を行っている間は、次の手続を行うことができず、すべての相続手続を終えるまでには相当な時間を要することになります。そこで、法定相続情報証明制度が設けられました。

3 法定相続情報証明制度の内容

(1) 機　　能

　法定相続情報証明制度を利用する場合、相続人は収集した戸籍謄本や除籍謄本と法定相続情報一覧図を登記所に提

出したうえで申出を行えば、その申出に応じて、登記官の認証が付された戸籍等の謄本の束にかわる認証文付き法定相続情報一覧図の写しの交付を受けることができます。交付を受けた後は、戸除籍謄本の束のかわりに、その書面のみで、相続人の範囲を証明することができます。

(2)　認証文付き法定相続情報一覧図の写しに記載される事項

　認証文付き法定相続情報一覧図の写しは、申立人が提出した法定相続情報一覧図の記載について、登記官が戸除籍謄本を照合したうえで、同一覧図の写しに、「これは平成○年○月○日に申出のあった当局保管に係る法定相続情報一覧図の写しである」との認証文を付して交付されます。

　提出する法定相続情報一覧図には、被相続人の氏名、生年月日、最後の住所および死亡の年月日、相続人の氏名、生年月日および被相続人との続柄のほか、法定相続情報一覧図の作成日および作成者を記載しますので、認証文付き法定相続情報一覧図の写しにも同じ内容が記載されます（法務省「法定相続情報証明制度について（別紙2）」）。

(3)　法定相続情報証明制度の利用のための具体的手続

　法定相続情報証明制度はどのように利用すればよいのでしょうか。

　①　申　　　出

　まず、被相続人の相続人は、被相続人の出生から死亡ま

での戸籍や除籍謄本を、役所から取得します。この点は、従来と同じです。相続人が被相続人の兄弟姉妹である場合には、当該被相続人の父母の出生から死亡までの戸籍および除籍謄本を収集する必要があることも従来のとおりです。法定相続情報証明制度がスタートしたといっても、一度は、戸除籍謄本等を収集しなければなりません。

次に、相続人は、収集した戸除籍謄本等をふまえ、法定相続情報一覧図（法務省「法定相続情報証明制度について（別紙1）」）を作成し、収集した戸除籍謄本等と法定相続情報一覧図を登記所に提出することになります。

フローチャートは以下のとおりです。

戸籍謄本や除籍謄本の収集

↓

法定相続情報一覧図の作成

↓

戸籍謄本や除籍謄本と法定相続情報一覧図を登記所（法務局）へ提出

【法定相続情報証明制度について（法務省）】

法定相続情報証明制度について

制度創設の背景

- 不動産の登記名義人（所有者）が死亡した場合，所有権の移転の登記（相続登記）が必要
- 近時，相続登記が未了のまま放置されている不動産が増加し，これがいわゆる所有者不明土地問題や空き家問題の一因となっていると指摘
- 法務省において，**相続登記を促進するために**，法定相続情報証明制度を新設

制度の概要

- 相続人が登記所に対し，以下の書類をはじめとする必要書類を提出

  1. 被相続人が生まれてから亡くなるまでの戸籍関係の書類等
  2. 上記１．の記載に基づく法定相続情報一覧図（被相続人の氏名，最後の住所，生年月日及び死亡年月日並びに相続人の氏名，住所，生年月日及び続柄の情報）

- **登記官が上記の内容を確認し，認証文付きの法定相続情報一覧図の写しを交付**

制度のねらい

- 本制度により交付された法定相続情報一覧図の写しが，相続登記の申請手続をはじめ，被相続人名義の預金の払戻し等，様々な相続手続に利用されることで，**相続手続に係る相続人・手続の担当部署双方の負担が軽減**

- 本制度を利用する相続人に，相続登記のメリットや放置することのデメリットを登記官が説明することなどを通じ，**相続登記の必要性について意識を向上**

 平成２９年５月２９日から運用開始

法定相続情報証明制度の手続の流れ（イメージ）

①申出（法定相続人又は代理人）

①-1 戸除籍謄本等を収集

①-2 法定相続情報一覧図の作成
（参考：別紙1（解説付き））

①-3 申出書を記載し，上記①-1,
-2の書類を添付して申出

- ✓ 提出された戸除籍謄本等に記載の情報に限る（放棄や遺産分割協議は対象外）
- ✓ （数次相続発生の場合，）一人の被相続人ごとの作成

②確認・交付（登記所）

②-1 登記官による確認，法定相続情報一覧図の保管

②-2 認証文付き法定相続情報一覧図の写しの交付,
戸除籍謄本等の返却　（参考：別紙2（解説付き））

- ✓ 交付に当たり，手数料は徴収しない

- ✓ 偽造防止措置を施した専用紙で交付

③利用

③ 各種の相続手続への利用（戸籍の束の代わりに各種手続において提出することが可能に）

- ✓ この制度は，戸籍の束に代替し得るオプションを追加するものであり，これまでどおり戸籍の束で相続手続を行うことを妨げるものではない
- ✓ 放棄や遺産分割協議の書類は別途必要

第3章　法定相続情報証明制度　205

別紙1

✓ **相続人又は代理人が以下のような法定相続情報一覧図を作成**

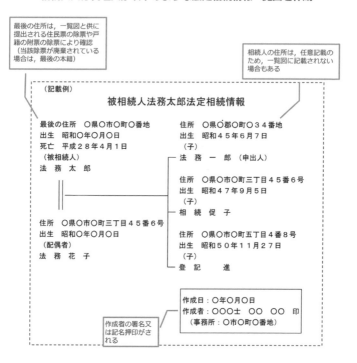

✓ 上記のような図形式のほか，被相続人及び相続人を単に列挙する記載の場合もある
✓ 作成はＡ４の丈夫な白紙に。手書きも"明瞭に判読"できるものであれば可とする

別紙2

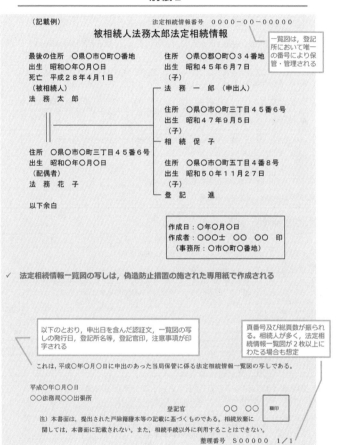

第3章　法定相続情報証明制度　207

その他の御説明

申出について

- 本制度は，被相続人名義の不動産がない場合（例えば，遺産が銀行預金のみの場合）でも利用することが可能

- 申出をすることができるのは，被相続人の相続人（当該相続人の地位を相続により承継した者を含む。）

- 代理人となることができるのは，法定代理人のほか，①民法上の親族，②資格者代理人（弁護士，司法書士，土地家屋調査士，税理士，社会保険労務士，弁理士，海事代理士及び行政書士に限る。）

- 申出をすることができる登記所は，次の地を管轄する登記所のいずれか
    ① 被相続人の本籍地
    ② 被相続人の最後の住所地
    ③ 申出人の住所地
    ④ 被相続人名義の不動産の所在地

- 申出は，郵送によることも可能

法定相続情報一覧図について

- 一覧図の写しは，相続手続に必要な範囲で，複数通発行可能

- 法定相続情報一覧図の保管期間中（５年間）は，一覧図の写しを再交付することが可能。ただし，再交付を申出することができるのは，当初，一覧図の保管等申出をした申出人に限られる（他の相続人が再交付を希望する場合は，当初の申出人からの委任が必要）

- 推定相続人の廃除があった場合に，法定相続情報一覧図には，原則，その廃除された者の記載がされない

その他

- 被相続人や相続人が日本国籍を有しないなど，戸除籍謄抄本を添付することができない場合は，本制度は利用できない

- 被相続人の死亡後に子の認知があった場合や，被相続人の死亡時に胎児であった者が生まれた場合，一覧図の写しが交付された後に廃除があった場合など，被相続人の死亡時点に遡って相続人の範囲が変わるようなときは，当初の申出人は，再度，法定相続情報一覧図の保管等申出をすることができる

② 確認・交付

　書類の提出を受けた登記官は、必要な書類がそろっているか、提出を受けた法定相続情報一覧図と戸籍謄本や除籍謄本を照合し、法定相続情報一覧図が正しいか否かを確認します。

　提出を受けた法定相続情報一覧図が正確であると判断すれば、登記所は、法定相続情報一覧図を保管し、戸除籍謄本等は申請をした相続人に返却します。

　そして、登記官は、保管している法定相続情報一覧図の写しを作成し、認証したうえで、申請に係る通数（複数であっても問題ありません）の認証文付き法定相続情報一覧図の写しを交付します。認証文付き法定相続情報一覧図の写しは、偽造防止措置が施された専用紙に印刷する方法で作成されます。

　交付手数料はかかりません。

　フローチャートは以下のとおりです。

登記官による確認（戸除籍謄本等と法定相続情報一覧図の照合）

↓

法定相続情報一覧図の保管

↓

相続人の申請に係る通数の認証文付き法定相続情報一覧図の写しの交付

(4) 金融機関の実務への影響

　相続登記手続以外にも、被相続人の預貯金口座の名義変更手続や保険会社に対する保険金請求でも、法定相続証明情報制度を利用できます。

　たとえば、被相続人の預貯金口座の名義変更手続では、従来、金融機関は、預貯金の相続人を確認するため、お客様に対し、被相続人の出生から死亡までのすべての戸除籍謄本等の収集を依頼し、これを確認する必要がありました。被相続人の相続人が兄弟姉妹であれば、被相続人の父母の出生から死亡までのすべての戸除籍謄本等を確認する必要がありました。

　しかし、金融機関が認証文付き法定相続情報一覧図の写しの提出を受けたときには、戸除籍謄本等の提出を要しないとの取扱いをした場合、これまで相続人確定のために要していた戸除籍謄本等の確認作業が不要となり、事務負担は大幅に軽減されます。また、法定相続情報一覧図の認証文は登記官が戸除籍謄本等と照らし合わせたうえで付されるものであり、相続人の見落としも防げます。その意味で、法定相続証明上法制度が広く利用されることは、金融機関にとってもメリットがあるといえます。

　なお、認証文付き法定相続情報一覧図の写しは、あくまでも、戸籍や除籍から判明する情報しか盛り込まれません。遺言や遺産分割協議の内容、相続放棄の有無等は、戸

籍や除籍に反映される情報ではないため、認証文付き法定
相続情報一覧図の写しには掲載されません。したがって、
認証文付き法定相続情報一覧図により相続人を確認するこ
ととした場合であっても、被相続人の預貯金名義の変更等
の手続を行うにあたっては、認証文付き法定相続情報一覧
図の写し以外にも、遺産分割協議書等を確認する必要があ
ることには注意が必要です。

　また、法定相続情報証明制度は、戸籍謄本や除籍謄本を
一から集めることによって相続人の範囲を証明することを
禁止するものではありません。

4　まとめ

　法定相続情報証明制度は、不動産登記規則の改正によっ
て新設されたものであり、相続登記の手続の利用が第一に
想定されています。

　しかし、法務省民事局の担当官が、「本制度は、登記所
がいわば相続手続全体の『ハブ』としての役割を果たすこ
とにより、相続登記の促進を図るとともに、相続手続全般
の社会的コストの削減にもつながることが期待される」
「金融機関等の相続事務に携わる団体・機関におかれて
は、本制度の趣旨・内容をご理解いただき、その活用をご
検討いただくとともに、顧客から窓口で照会された場合に
は、本制度の案内をしていただけるとありがたいと考えて

第3章　法定相続情報証明制度　211

いる」と述べているとおり（宮﨑文康「相続登記の促進に向けた新たな取り組み─法定相続情報証明制度」NBL1094号73～74頁（2017））、認証文付き法定相続情報一覧図は相続登記以外の手続にも利用されることが期待されています。

（沼井）

第2節 **法定相続情報証明制度と金融実務**

 法定相続情報証明制度は、なぜ創設され、いつから始まっているのですか

▼ 結 論

　法定相続情報証明制度は、相続手続に必要な書類を簡単にして、相続手続がすみやかに行われるようにするため創設されたもので、平成29年5月29日から運用されています。

　この制度のもとで発行される認証文付き法定相続情報一覧図の写しは、法務局、民間金融機関（銀行・証券会社・保険会社等）等で活用されています。

▼ 解 説

　相続発生時、相続人が不動産や預金等の相続財産の名義変更手続のために用意する戸籍や除籍の謄本（戸除籍謄本）は時には数十通に及ぶことがあり、手続を行う機関が複数ある場合には、その数十通にも及ぶ戸除籍謄本の束を複数用意しなければならないこともあります。こうした事務負担の重さから、相続財産の名義変更が進まず、空き家

第3章　法定相続情報証明制度　213

問題や所有者不明土地等の一因となっていると考えられています。

　そこで、法定相続人がわかる法定相続情報一覧図という新たな書類を導入し、その写しに登記官の認証文を付したものを利用することによって、戸除籍謄本の束をいくつも用意する手間をなくし、相続手続をしやすくするというのが新制度の目的です。

　認証文付き法定相続情報一覧図の写しは、制度が開始された平成29年5月以降、法務局のほか、民間金融機関でも活用されています。今後、制度の利用がさらに進むことにより、不動産の相続登記や金融機関の預貯金名義の変更、保険会社の保険金支払などがすみやかに行われるようになることが期待されています。　　　　　　　　　　（北川・児島）

Q2 法定相続情報証明制度を利用すると、相続人にはどのようなメリットがありますか

▼ 結論

法定相続情報証明制度を利用すると、相続人は、相続手続ごとに戸除籍謄本の束を準備する必要がなくなります。

▼ 解説

 不動産や預貯金の名義変更には、原則として相続人全員の「承諾」が必要です。被相続人が複数の不動産や金融機関の預貯金をもっていた場合、相続人は各資産の相続手続を行うために同じ戸除籍謄本を何通も準備する負担が大きく、また、戸除籍謄本の原本還付を受けたとしても、複数の相続手続を完了するまでには、時間を要することとなります。

 認証文付き法定相続情報一覧図の写しで相続手続が行える新制度を利用すれば、複数通の戸除籍謄本を準備しなくとも、認証文付き法定相続情報一覧図の写しを複数通取得すれば各種相続手続を同時並行的に進めることが可能となります。戸除籍謄本の取得には、手数料を要しますが、認証文付き法定相続情報一覧の写しの交付は無料ですから、相続人の経済的な負担も軽減されます。　　　　(北川・児島)

Q3 相続人が法定相続情報証明制度を利用すると、金融機関にはどのようなメリットがありますか

▼ 結 論

認証文付き法定相続情報一覧図の写しの提出を受けると、金融機関はこの一覧図の写しから、法定相続人の範囲を確認することができ、戸除籍謄本の束から相続人を確定するための事務負担を軽減することができます。

▼ 解 説

相続手続では、戸除籍謄本の束から法定相続人を確認する作業が必要となりますが、これらの作業には相当の時間を要します。金融機関は認証文付き法定相続情報一覧図の写しの提出を受ければ、戸除籍謄本の提出を求めない取扱いにすることにより、法定相続人を一から確認する作業時間を短縮することができます。また、慎重を期して、法定相続情報一覧図の写しとあわせて戸除籍謄本の提出を受ける場合であっても、認証文付き法定相続情報一覧図の写しを参照することにより、法定相続人の確認時間の短縮や事務負担の軽減を図ることができますし、相続人の存在を見落とすおそれも少なくなります。

ただし、認証文付き法定相続情報一覧図の写しは、戸除

籍謄本から判明する法定相続関係を公的に証明する書面にすぎず、相続放棄や遺産分割協議、遺言の存否の内容などをそこから知ることはできません。したがって、金融機関においては、認証文付き法定相続情報一覧図の写しを利用する場合であっても、これまで戸除籍謄本の束のほかに提出を求めてきた書類や確認してきた事項については、引き続き相続人から徴求し、その内容を確認することが必要です。

（北川・児島）

Q4 相続放棄や遺産分割協議等があった場合でも、金融機関の相続手続を認証文付き法定相続情報一覧図の写しだけで行うことができますか

▼ 結論

相続放棄があった場合には「相続放棄申述受理証明書」の提出を、遺産分割協議が成立した場合には「遺産分割協議書」、遺言があった場合には「遺言書」の提出を求めます。

▼ 解説

法定相続情報一覧図への認証は、戸除籍謄本から判明する法定相続関係を公的に証明するにすぎないため、相続放棄や遺産分割協議、遺言があったために本来の法定相続分と異なる内容の相続手続を要する場合など、戸除籍謄本からは判明しない事情については、別途それらを証する書面を確認することが必要です。

たとえば、相続人の1人が相続放棄を申し出ている場合には、家庭裁判所の相続放棄申述受理証明書を提出してもらう必要があります。「事実上」相続を放棄する場合は、その放棄者も含めた相続人全員の署名捺印のある相続手続依頼書、もしくは、放棄者も含めた相続人全員の署名捺印

218

のある遺産分割協議書が必要です。

　金融機関により、各相続手続に必要な書類は異なりますので、ご確認ください。　　　　　　　　　　　（北川・児島）

Q5 認証文付き法定相続情報一覧図の写しは、どのように入手すればよいですか

▼ 結論

登記所に保管および写しの交付の申出をします。申出には戸除籍謄本等と法定相続情報一覧図が必要です。手数料は不要です（申出書のひな型参照）。

▼ 解説

①被相続人の誕生から死亡までの戸除籍謄本や住民票の除票または戸籍の附票、②相続人の戸籍謄本等を取得し、③法定相続情報一覧図を作成して、登記所に提出します。法定相続一覧図に相続人の住所を記載する場合は、各相続人の住民票の写しも用意します。また、申出に際しては、申出人の氏名、住所を確認するための公的書類も必要です。

提出する登記所は、①被相続人の本籍地、②被相続人の最後の住所地、③申出人の住所地、④被相続人名義の不動産の所在地のいずれかを管轄する登記所であり、申出は郵送で行うことも可能です。

認証文付き法定相続情報一覧図の写しの交付を受けるための手数料は不要です。ただし、郵送してもらったり、①②の戸除籍謄本等を集めたり、専門家による法定相続情報一覧図の作成には、別途費用がかかります。　（北川・児島）

【申出書のひな型】

法定相続情報一覧図の保管及び交付の申出書 ①

（補完年月日　平成　　年　　月　　日）

申出年月日	平成29年5月29日　　②	法定相続情報番号	－　　－
被相続人の表示	氏　　　名　法務　太郎 最後の住所　○県○市○町○番地 生年月日　昭和○年○月○日 死亡年月日　　平成○年○月○日		③
申出人の表示	住所　○県○市○町○番地 氏名　法務　次郎　㊞ 連絡先　090－1234－5678 被相続人との続柄（　　　　子　　　　）		④
代理人の表示	住所（事務所） 氏名　　　　　　　　　印 連絡先　　　　－　　　－ 申出人との関係 □法定代理人　　□委任による代理人		⑤
利用目的	☑不動産登記　　☑預貯金の払戻し □その他（　　　　　　　　　　　　　　　　　）		⑥
必要な写しの通数・交付方法	4通（□窓口で受取　☑郵送） ※郵送の場合、送付先は申出人（又は代理人）の表示欄にある住所（事務所）となる。		⑦
被相続人名義の不動産の有無	☑有　（有の場合、不動産所在事項又は不動産番号を以下に記載する。） □無　○市○町○丁目○番		⑧
申出先登記所の種別	□被相続人の本籍地　　□被相続人の最後の住所地 ☑申出人の住所地　　　□被相続人名義の不動産の所在地		⑨

　上記被相続人の法定相続情報一覧図を別添のとおり提出し、上記通数の一覧図の写しの交付を申出します。交付を受けた一覧図の写しについては、相続手続においてのみ使用し、その他の用途には使用しません。
　申出の日から3か月以内に一覧図の写し及び返却書類を受け取らない場合は、廃棄して差し支えありません。
　⑩　　　　○○（地方）法務局　　　　　○○　支局・出張所　　　　　　　宛

※受領確認書類（不動産登記規則第247条第6項の規定により返却する書類に限る。）
　戸籍（個人）全部事項証明書（　　通）、除籍事項証明書（　　通）戸籍謄本（　　通）
　除籍謄本（　　通）、改製原戸籍謄本（　　通）戸籍の附票の写し（　　通）
　戸籍の附票の除票の写し（　　通）住民票の写し（　　通）、住民票の除票の写し（　　通）

受領	確認1	確認2	スキャナ・入力	交付		受取

① 　黒太枠内の事項を記入してください。

② 　申出をする年月日を記入してください。なお、郵送による申出の場合には、登記所に申出書等が届いた日を申出年月日として取り扱いますので、ご了承をお願いします。

③ 被相続人（亡くなられた方）の氏名、最後の住所、生年月日および死亡年月日を記入してください。

④ 申出人の住所、氏名、連絡先および被相続人との続柄を記入してください。氏名の横には、押印（認め印で可）をしてください。

⑤ （代理によって申出をする場合）代理人の住所、氏名、連絡先を記入し、申出人との関係が法定代理人・委任による代理人のどちらであるかをチェック✓してください。

⑥ 一覧図の写しの利用目的をチェック✓または記入してください。その他欄に記入する場合は、単に「相続手続」とせず、具体的な相続手続の名称（たとえば、「株式の相続手続」等）を記入してください。

⑦ 一覧図の写しの必要通数を記入するとともに、一覧図の写しの受取（戸除籍謄抄本の返却を含む）方法について、窓口で受取・郵送のどちらであるかをチェック✓してください。

　なお、郵送による場合は、返信用の封筒および郵便切手が必要です。

　また、窓口で受取りをする場合は、受取人の確認のため、「申出人の表示」欄に押印した印鑑を持参してください。

⑧ 被相続人名義の不動産の有無をチェック✓してください。有をチェック✓した場合は、不動産所在事項又は不動産番号を記入してください。

　なお、不動産が複数ある場合は、そのうちの１つを記入することでさしつかえありませんが、「申出先登記所の種別」欄において申出先登記所を「被相続人名義の不動産の所在地」と選択した場合は、記入した被相続人名義の不動産が申出先登記所の管轄内のものである必要があります。

⑨ 申出をする登記所は、以下の地を管轄する登記所のいずれかを選択してください。

　(ⅰ) 被相続人の本籍地（死亡時の本籍）

　(ⅱ) 被相続人の最後の住所地

　(ⅲ) 申出人の住所地

　(ⅳ) 被相続人名義の不動産の所在地

⑩ 申出先登記所の登記所名を具体的に記入してください。なお、管轄の登記所は、法務局ホームページの「管轄のご案内」からお調べいただけます。

（出典）　法務局ホームページをもとに作成。

Q6 法定相続情報一覧図の保管および交付の申出はだれができますか。申出時に必要な法定相続情報一覧図はだれが作成しますか

▼ 結 論

申出は相続人やその代理人ができ、所定の様式に従って作成します。

▼ 解 説

相続人、当該相続人の地位を相続により承継した者、相続人から委任を受けた代理人（親族のほか、弁護士や司法書士等）が申請できます。

法定相続情報一覧図は相続人やその代理人が作成します。

法定相続情報一覧図には、被相続人の氏名、生年月日、最後の住所および死亡の年月日、相続人の氏名、生年月日および被相続人の続柄を記載します。相続人の住所の記載は任意です。被相続人と相続人とを線で結ぶなどして、相続人との関係性が一見して明確となる図による記載のほか、被相続人と相続人を単に列挙する方式も認められています。

法的知識のない相続人が、法定相続情報一覧図を作成するのは容易ではないかもしれませんが、法務局ホームペー

第3章　法定相続情報証明制度　223

ジ（http://houmukyoku.moj.go.jp/homu/page 7 _000015.html）
には、主な法定相続情報一覧図の様式および記載例が掲載
されており、被相続人や相続人の情報を入力すれば一覧図
を作成できるようになっていますので、これを利用するこ
ともできます。

　法定相続情報一覧図の記載内容が複雑になる場合は、専
門家に相談して作成するのがよいでしょう。（北川・児島）

認証文付き法定相続情報一覧図の写しは何通くらいもらえばよいですか。再交付はしてもらえますか

▼ 結論

相続手続を要する不動産や金融機関等の数により交付を受けます。

申出人が、法定相続情報一覧図を保管している登記所の登記官に申請すれば、法定相続情報一覧図の保管中（5年間）は再交付が可能です。

▼ 解説

名義変更手続が必要な不動産や取引金融機関の数を確認して、必要通数を申請してください。

法定相続情報一覧図は、申出日の翌年から起算して5年間保管されますので、この間であれば再交付を受けることができます。ただし、再交付の申出をすることができるのは、当初、法定相続情報一覧図の保管等の申出をした申出人に限られます。他の相続人が再交付を希望する場合には、当初の申出人からの委任が必要となります。

(北川・児島)

Q8 認証文付き法定相続情報一覧図の写しを取得したのち、そこに記載された相続人が死亡した場合には、どうしたらよいですか

▼ 結論

　登記所に対し、認証文付き法定相続情報一覧図の写しを取得した後に死亡した相続人を被相続人とする法定相続情報一覧図の保管等の申出、その認証文付き法定相続情報一覧図の写しの交付を受けることになります。

▼ 解説

　第3章第2節Q7でも述べたように、認証文付き法定相続情報一覧図の写しは再交付を求めることが可能ですが、再交付にあたって、その後に生じた相続人の死亡の事実まで記載してもらうことはできません。

　当初の認証文付き法定相続情報一覧図の写しを取得した後、そこに記載された相続人が死亡した場合には、あらたに亡くなられた相続人を被相続人とする別の法定相続情報一覧図を作成してその保管を申し出て、認証文付き法定相続情報一覧図の写しの交付を受けることが必要です。

　なお、本設例とは異なり、認証文付き法定相続情報一覧図の写しを取得した後であっても、被相続人の死亡後に子の認知があった場合や、被相続人の死亡時に胎児であった

者が生まれた場合、同一覧図の写しが交付された後に廃除があった場合など、被相続人の死亡時点にさかのぼって相続人の範囲が変わるような事情が生じた場合には、当初の申出人は、再度、法定相続情報一覧図の保管等申出をし、新たな事情を反映した認証文付き法定相続情報一覧図の写しの交付を受けることができます。　　　　　　　　（北川・児島）

Q9 金融機関の相続手続は、認証文付き法定相続情報一覧図で行わなければなりませんか

▼ 結 論

従来どおり戸除籍謄本等による手続も可能ですので、「新制度を利用しないで戸除籍謄本等で名義変更したい」という申出を受けた場合には、これを受け付けることになります。

▼ 解 説

法定相続情報証明制度が導入されても、従来どおり戸除籍謄本等を利用して相続手続することも可能です。

相続手続を行う法務局や金融機関が1つであれば、法定相続情報証明制度を利用するメリットは相続人にはありません。逆に、複数の法務局や金融機関で相続手続を行う場合には、相続人に法定相続情報証明制度を利用するメリットがありますので、被相続人に複数の不動産や取引金融機関があるケースに法定相続情報制度の利用をお勧めするなど、いずれの方法が相続人にメリットが大きいか十分検討してアドバイスすべきです。

そのうえで、相続人から「新制度を利用しないで戸除籍謄本で名義変更したい」という申出を受けた場合には、従来どおり、戸除籍謄本等を確認して相続手続を行うことに

なります。 (北川・児島)

Q10 認証文付き法定相続情報一覧図の写しの申出人と来店者とが別人の場合、手続書類として受領できますか。相続手続依頼書の氏名の記載と認証文付き法定相続情報一覧図の写しに記載された相続人の氏名の記載とが異なる場合はどうしますか

▼ 結 論

　認証文付き法定相続情報一覧図の写しの申出人と来店者とは一致していなくてもかまいません。

　相続手続依頼書の氏名の記載と認証文付き法定相続情報一覧図の写しの申出人の記載とが異なる場合は、当該相続人の戸除籍謄本の提出を求めて確認します。

▼ 解 説

　認証文付き法定相続情報一覧図の写しは、申出人がだれかも明らかになる様式となっていますが、この申出人が共同相続人の代表者となるとは限りません。認証文付き法定相続情報一覧図の写しに記載されている申出人と金融機関における相続手続の代表者が異なったとしても、当該認証文付き法定相続情報一覧図の写しを正式な書類として受領し、手続を進めれば問題ありません。

　他方、相続手続依頼書に記載された相続人の氏名と、認

証文付き法定相続情報一覧図の写しに記載された氏名が異なる場合には、確認が必要です。たとえば、婚姻などにより法定相続情報一覧図の作成後に相続人が改姓すると、相続手続依頼書の氏名の記載と認証文付き法定相続情報一覧図の写しの申出人の記載との間に相違が生じます。この場合には、あらためて最新の認証文付き法定相続情報一覧図の写しの提出を求めるか、戸除籍謄本の提出を求めます。

（北川・児島）

Q11 認証文付き法定相続情報一覧図の写しの提出を受けたら、金融機関は何を確認すればよいですか

▼ 結論

①相続放棄や遺言、遺産分割協議の有無、②被相続人の死亡後の子の認知、③被相続人の死亡時に胎児であった者の出生の有無、④欠格や廃除の有無、⑤金融機関への提出日現在で、認証文付き法定相続情報一覧図に記載された法定相続人が生存しているかどうかを確認します。

▼ 解説

認証文付き法定相続情報一覧図の写しは、戸籍関係書類一式から判明する法定相続人がだれであるかが記載された書類です。つまり、戸籍関係書類一式からは判明しない遺産分割協議の結果や、相続放棄の有無等は同一覧図の写しからはわかりません。

したがって、認証文付き法定相続情報一覧図の写しを添付して、預貯金の払戻しを求めた申出人に対しては、相続放棄や遺言、遺産分割協議の有無を確認し、そのうえで、遺言や遺産分割協議書、相続放棄申述受理証明書の提出を求めることになります。

また、相続人の欠格は戸籍に記載されませんし、被相続

人の死亡後に子の認知があった場合や、被相続人の死亡後に胎児であった者が生まれた場合、認証文付き法定相続情報一覧図の写しが交付された後に廃除があった場合などには、被相続人の死亡後に生じた事由であっても、被相続人の死亡時点にさかのぼって相続人の範囲が変わることになりますが、そうした事項は必ずしも同一覧図の写しに反映されていないことがあります。

　このような場合、認証文付き法定相続情報一覧図の写しの当初の申出人は、再度、法定相続情報一覧図の保管等の申出をすることができますので、金融機関は、当該事由が反映された認証文付き法定相続情報一覧図の写しか、被相続人の死亡後の子の認知等を証する戸籍謄本の提出を求めることになります。

　認証文付き法定相続情報一覧図の写しには、被相続人が死亡した当時の法定相続人しか記載されないので、同一覧図の写しが交付された後に、法定相続人が死亡し、法定相続人についてさらに相続が開始している場合、その事実は同写しからは判明しません。

　したがって、預貯金の払戻しの請求を受けた時点が、認証文付き法定相続情報一覧図の写しの交付日から一定程度期間が経過している場合には、金融機関は、申出人に対して、同写しに記載された法定相続人が全員生存していることを確認し、仮に、死亡している者がいることが判明した

場合には、当該死亡した法定相続人を被相続人とする認証
文付き法定相続情報一覧図の写し、または戸除籍謄本の束
をあわせて提出するよう、申出者に対して依頼することが
必要です。　　　　　　　　　　　　　　　　（北川・児島）

Q12 認証文付き法定相続情報一覧図の写しに記載がある相続人の1人が行方不明の場合、預貯金の相続手続はどう進めたらよいですか

▼ 結論

家庭裁判所に対し、**不在者財産管理人選任申立て**または**失踪宣告申立て**をしてもらいます。

▼ 解説

戸籍上相続人であることが明らかな者は、行方不明でも法定相続情報一覧図に相続人として記載されるため、相続人に対しては、行方不明者について、家庭裁判所に、①不在者財産管理人の選任や、②失踪宣告の申立てを行うよう助言します。

なお、不在者財産管理人の権限は保存・利用・改良行為にとどまるため、不在者財産管理人が不在者を代理して遺産分割協議を行う場合には、裁判所の権限外行為許可を得る必要があります。

(北川・児島)

Q13 認証文付き法定相続情報一覧図の写しは、相続税の申告書の添付書類として利用できますか

▼ 結 論

できます。ただし、図形式であること、また、実子、養子の別がわかるものであることが必要です。

▼ 解 説

相続税の申告では、被相続人のすべての相続人を明らかにする戸除籍謄本（相続開始の日から10日を経過した日以降に作成されたもの）の提出が必要とされています（相続税法27条4項、同法施行規則16条3項1号）。

2018年4月1日以降は、上記の書類にかえて、「図形式」の「法定相続情報一覧図」の写し（子の続柄が、実子または養子のいずれであるかわかるように記載されたものに限ります）または同書面をコピー機で複写したものを使うことが可能です。なお、被相続人に養子がいる場合には、その養子の戸籍の謄本または抄本の添付（コピー機で複写したものも含みます）も必要です。

図形式（第3章第1節3(3)別紙2参照）であることが必要です。「法定相続情報一覧図」には、被相続人および相続人を列挙する形式（列挙形式）のものもありますが、列挙

236

形式では、相続税の申告書の添付書類として認められません。

　また、前述したカッコ書の「子の続柄が、実子または養子のいずれであるかわかるように記載されたもの」とは、戸籍上の続柄（長男、長女、養子など）によって記載されたものをいいます。子の続柄が単に「子」と記載されたものは、実子または養子のいずれであるかがわからないため、相続税の申告書の添付書類として利用できません。

（沼井）

金融機関の相続手続【改訂版】

2019年3月7日　第1刷発行

監修者　弁護士法人琴平綜合法律事務所
編著者　北　川　展　子
発行者　倉　田　　　勲

〒160-8520　東京都新宿区南元町19
発　行　所　一般社団法人　金融財政事情研究会
企画・制作・販売　株式会社きんざい
出　版　部　TEL 03(3355)2251　FAX 03(3357)7416
販売受付　TEL 03(3358)2891　FAX 03(3358)0037
URL https://www.kinzai.jp/

DTP・校正:株式会社友人社／印刷:株式会社日本制作センター

・本書の内容の一部あるいは全部を無断で複写・複製・転訳載すること、および
　磁気または光記録媒体、コンピュータネットワーク上等へ入力することは、法
　律で認められた場合を除き、著作者および出版社の権利の侵害となります。
・落丁・乱丁本はお取替えいたします。定価はカバーに表示してあります。

ISBN978-4-322-13436-0